AF237194

Liebe Leserinnen und liebe Leser,

ich begrüße Sie alle sehr herzlich zu meinem neuen Buch, meiner neuen Reihe – viel mehr, meiner neuen ÄRA – so wie ich es gern benenne.

Nach meiner Entgegen der Zeit-Saga, möchte ich gern einen neuen Boden betreten. Da sich bei mir mental, sowie auch in meiner Umwelt Dinge verändert haben, kam es mir sehr gelegen neuen Boden gutzumachen.

Es ist der erste Band meiner – AUS LIEBE ZUR SPRACHE – Reihe. Ein Künstler wächst an seinen Werken und Werten. Somit beginne ich eine neue Zeit.

Ich lade Sie ganz herzlich ein, liebe Leserinnen und liebe Leser, mich bei dieser neuen Reise nun auch wieder zu begleiten.

Herzliche Grüße

Christian Hofmann

… aus allem was wurde…

„Erdulde deiner Zeit
Mein Freund –
Gelassen und zufrieden bleibt nur,
wer auch träumt"
  Christian Hofmann, Sommer 2020

Aus Liebe zur Sprache

Kapitel 1 – Aus Liebe zur Sprache

Aus Liebe zur Sprache

Wie alles so seinen Lauf nimmt
Mach dich auf den Weg, das Spiel beginnt
Vom Start zum Ziel – auf der Geraden
Geprobt und trainiert für diese Tage

Mein Weg, entgegen der Zeit
Schreib' aus Liebe zur Sprache
Schriftstücke verfassen
Bis zum Ende, zum letzten meiner Tage

Freunde um Familie im Rücken
Auf den ganzen Wegen
Das Schreiben meine Rettung
Leidenschaft – mein ganzer Segen

Manchmal traurig und niedergeschlagen
Voller Hoffnung Texte verfasst
Für schöne und bessere Tage
Alles aus Liebe zur Sprache

Eine neue Ära, neue Zeit
Frische Gedanken, restaurierte Zeilen bereit
Schreiben wie ein Rosengewächs
Neuer Abschnitt, neues Leben – das erweckt

Sommerkind

Deine ersten Bilder am Ultraschall
Deine ersten Töne deines Herzschlages
Diese Momente vergesse ich nicht
Das war unglaublich, ja das war es

Noch ein paar Tage, dann kommst du auf diese Welt
Erblickst das Licht
1000 Gedanken schießen durch meinen Kopf, noch alles –
So schwer zu glauben für mich

Wie wirst du aussehen?
Wie wirst du sein?
Bei all meiner Zeit, wirst du auf jeden Fall
Mein Sonnenschein

Werde mich freuen, wenn du da bist –
Lange dauert es nicht mehr
Mein Sommerkind
Im Sommerwind

Welche Augenfarbe wirst du haben?
Meeresblau oder dunkel –
Welche Farbe deiner Haare?
Alles so viele Fragen, die ich habe

Meine Kleine

Kommst auf die Welt
Wirst begleitet und geliebt
Keinen Weg gehst du allein
Solang' es uns an deiner Seite gibt

Wir treten alle einmal
Die Reise unseres Lebens an
Momente und Augenblicke
Werden zu Erinnerungen dann

Familie und Freunde
Dein trautes Zuhaus'
Wir stehen zu dir
Vertraut durch das Blut in der Haut

Wir gehen deine Wege mit dir
Von deinem Anfang bis zu unserem Ende
Wenn wir mal nicht mehr sind, weine nicht, weine nicht –
Nach jedem Regen kommt wieder Licht

Am Ende deiner und auch unsrer Zeit
Dann sehen wir uns wieder

Diese Texte sollen dich begleiten
An deinen Tagen, zu deinen Zeiten
Wir vertrauen dir, glauben an dich
Finde deinen Weg und vergesse nicht

Familie und Freunde
Dein trautes Zuhaus'
Wir stehen zu dir
Unser Blut fließt durch deine Haut

Deinen Namen

Wer hätte gedacht
Dass ich nochmal mein Glück find'?
All die Tage, all die Jahre
Jetzt nimm ich es mit, keine Frage!

Die neue Ära, frischer Geist
Aus Liebe zur Sprache –
In mir, die da heißt
Trägt auf ewig deinen Namen

War allein auf weiter Flur
Doch stehe meinen Mann
Frei – die breite Spur
Weiter geht's, bis ich nicht mehr kann

Der Moment vom Schreiben
Befreit mich von allem, fühle mich nicht wie ein Gott
Oder ein höheres Wesen
Dennoch, nicht als Mensch in meinem Körper

Habe mich auf dich gefreut
Dich gesehen, du bist ein Teil von mir
Aus Liebe zur Sprache
Ist auch aus meiner Liebe zu dir

Entgegen der Zeit
Aus schwerer Vergangenheit
Für dich aus Liebe, nun zur Sprache
Die Liebe, sie trägt deinen Namen

Meine Rose

Das erste Mal, dass ich dich im Arm gehalten habe
Ist der Moment, den ich niemals mehr vergessen werde
Werde dich für immer in meinem Herzen tragen
Bis zum letzten Tag, an dem ich sterbe

Jetzt würde ich so gern für immer bleiben
Um dich zu begleiten – doch
So ist nun mal das Leben
Laufen lernen, für deine eigenen Wege

Bist meine Rose, am harten Asphalt
Bist die Hoffnung, dich ich brauch
Bist der Sonnenschein, wenn der Nebelschleier verzieht
Die Ruhe nach dem Wind – der aufbraust

Vom ersten Tag an
Deine Schritte sehen und mit dir gehen
Dein Bild in meinem Herzen
Bleibt für die Ewigkeit bestehen

Freue mich darauf
Wenn du deine Schritte zu laufen beginnst
Nimm dir Sonne mit auf deinem Weg
Ich möchte, dass du glücklich und zufrieden wirst

Deine ersten Worte, dein erstes Hallo
Dein erstes Winken – Hallo, du
Dein erstes Krabbeln und erstes Babbeln
Die erste Freude, dein erstes Zappeln

Kein Geheimnis

Ich mache aus meinem Leben
Kein Geheimnis
Fühle was ich fühle –
Alles was mein ist

Ich lebe in aller Wirklichkeit -
Meine Wahrheit
Die ist mir wichtig, sie zählt
Habe die Klarheit

Die Wahrheit ist nicht immer schön
Denn sie leugnet nichts
Diesen Weg zu gehen
Trauen sich so viele nicht!

Die Wahrheit schmeckt nicht jedem
Zutaten sind ungesüßt
Natura-Form mein Leben
Ihr Weichmacher, seid gegrüßt

Leben an der Wahrheit heißt
An der Grenze des Abgrunds
Die Wahrheit lügt nicht
Nicht mal zu deinem Schutz!

Mäusekind

Behutsam getragen
Im Mutterleib
9 Monate dort
Dein Verbleib

Leicht und zart
Auf total süß gestimmt
Du bist unser –
Kleines Mäusekind

Deine kleinen Augen
Dein kleines Näschen
Wenn du dein Gesicht verziehst
Zu deinem kleinen Lächeln

So süß und knuffig
Kleine Maus, ganz kuschlig
Kleines Händchen, kleines Füßchen
Von mir ein liebes Küsschen

Mäuseköpfchen
Mäusekind
Du bist da –
Wir froh wir doch alle sind

Liebes Mäusekind
Mögen dich die Engel beschützen
Die da immer –
An deiner Seite sind

Gestalte dein Leben

Gestalte dein Leben
So wie es dir gefällt
Deine Gedanken, deine Ideen
Sie sind deine eigene Welt

Egal von was du auch träumst
Was du auch denkst
Alles was du gibst, ist womit du –
Deine Welt beschenkst

Deine Träume, deine Zeit
Dein Leben, all dies ist dein
Lebe dein Leben, gehe deinen Weg
Er wird immer deiner sein

Lebe was du fühlst
Tu immer was du magst
Höre auf deine Stimme
Was sie zu dir sagt

Es sind deine Schritte
Es ist dein Lebensweg
Mal Rückenwind, mal Gegenwind
Bedenke immer, dass der Wind sich auch dreht

Teil meiner Welt

Du bist jetzt schon ein Teil meiner Welt
Mein süßer Schatz, der mir den Tag erhellt
Ein Blick in deine Augen
Teil meines Lebens, kaum zu glauben

Es tut so weh und schmerzt so sehr
Bist mein Sonnenschein, doch manche Tage machen es mir so
schwer
Du süßes Wunder, kleines Glück, bringst mir Hoffnung erneut
zurück

Ich schreibe dir heute und ich schreibe dir noch mehr
Weil ich dich wirklich liebe
Und das wirklich sehr!

Mir gehen so viele Gedanken durch den Kopf
Hast du auch einmal eine schöne Kindheit?
Genießt du diese Zeit?
Nichts kommt zurück, nimm alles was dir bleibt

Deine ganze Art zeichnet dich aus
Was du auch tust, alles was du beginnst –
Ist es wert, dass du es versuchst

Deine kleinen Fußabdrücke
Werden eines Tages große Schritte
Finde deinen Weg –
Ganz hin zu deiner Mitte

Rosenverzierte Zeilen

Rosenverzierte Zeilen
Möchte ich dir schreiben
Das Schreiben seit eh und je
Mein Leben

Fühle mich wohl
Und auch lebhaft frei
Poesie lebt in mir
In jedem Reim

Jede Zeile
Soll ein Strauß Rosen sein
Fest gebettet
Im Marmorgestein

Ich schreibe vom Leben
Und von der Liebe
Aus aller Zeit –
Niedergang und Siege

Rosenzeit
Gegen die Traurigkeit
Sonnenschein
Und Regenwein

Respekt vor Berufen

Das Schreiben ist für mich wie –
Für den Landschaftsgärtner, als würde er die Blumen blühen sehen
Wie für den Handwerker, das Licht anmachen – nach dem Strom verlegen

Wie für den Konditor neue Leckerteilchen zu kreieren, wie für den Zimmermann, die Wände zu tapezieren
Wie für den Friseur – der die Haare stylet

Der Schreiner, der seine Schränke baut, der Mechaniker – der am Auto schraubt, der Fräser, der seine Maschine programmiert, der Designer – neue Kleidungsstücke kostümiert

Für den Arzt, der Menschen hilft, für den Lehrer – der den Kindern hilft, für den Maurer, der die Häuser baut –
Für den Steinmetz, der Skulpturen haut

Der Maler, der die Wände streicht, der Zeichner – der seine Werke zeichnet, der Elektroniker, der seine Platine lötet, für den Postangestellten – der die Briefe eintütet

Für den Journalist, der die Wahrheit schreibt
Für all die Rettungskräfte, zu aller Zeit
Für die Pflegekräfte, die Betreuung – den Politikern für Mist und Veruntreuung!

Den Gärtner, der die Pflanzen pflegt
Die Reinigungskraft, die den Staub wegfegt
Für die Servicekraft, die Zimmer einrichtet
Wie der Poet, der seine Reime dichtet

Katakomben

Noch schreibe ich hier im Stillen
In den tiefen Katakomben
Bis die Texte meiner Bücher –
Bei meinen Lesern ankommen

Mit meinem Traum, der Vision
Mit Musik im Ohr hat dies begonnen
Gedanken zu Papier gebracht
Auf die Bühne drauf, gegen die Angst gewonnen

Depressionen und schlechte Zeiten
Die mich auf meinem Weg begleiten
Depression – Entgegen der Zeit
Aus Liebe zur Sprache, meine Zeit!

Lang und hart ging sich der Weg
Man bewegt nur etwas, wenn man sich bewegt
Alles geht, alles geht –
Solange sich diese Welt hier dreht

Mit scharfer Zunge
Mit geschliffener Sprache
Egal wie es klingt
Ich schreibe das Wahre!

Am Weg gefeilt
Am Traum gebaut
Stürme und Winde
Sie haben sich aufgebraut

Stark

Momentan ist keine Zeit für Schwäche
Hart und stark sein! Lächeln!
Ruhe in all die Kraft legen
Alles wird gut, geht vorbei – ein Segen!

Stelle die Tränen zurück
Aufs Jetzt und Hier mein Blick
Das Kleine braucht mich, mehr denn je
Der letzte Rand, bis an den ich geh!

Neues Leben, neuer Mensch
Familienglück komplett
Durch dieses Leben –
Gehen wir nun zu dritt

Lebensabschnitt neu
Freude riesengroß
Meine Kleine –
Ich halte dich im Schoß

Stark und hart sein, auch bleiben
In den nächsten Zeiten
Diese Zeit, jetzt momentan
Ist auf Großes sich vorzubereiten

Schicksalswege

Wer lenkt die Wege?
Wer spinnt die Fäden?
Ist alles schon vorbestimmt,
ein Weg der Gefährten?

Wie wächst du auf, wie wirst du groß?
Wann kommt die Zeit, wann legst du los?

Ist das Leben nur ein großer Zufall?
Sind unsere Schritte gezielt bewegt?
Wie es auch scheint, wie es kommt
Vielleicht sind es Schicksalswege

Zufälle gibt's im Leben
Bestimmung auch erdenklich
Schicksal – alles in allem
Ist es doch wahrlich unergründlich

Wie es auch kommt
Was auch letztendlich ist
Es bleibt nur zu sagen
Dass das Leben, so doch einzigartig ist

Lebensfilm oder doch –
Ein Lebensdrama
Alles fällt auf uns zurück
Das ist der Geschichte großes Karma

Gedicht

Gute Momente tief im Innern
Orte meines Gleichgewichts
Wie die reife Blüte
Wie die Schönheit des Gedichts

Wie ein schönes Rosenbeet
Garten des Wohlbefindens
Erholung und Entspannung
Es ist des Stressmomentes Verschwinden

Die Liebe zur Sprache
Pflege, Sorge tragen um jedes Wort
Jedes welches mich verlässt
Wandert aufs Papier hinfort

Ich liebe dieses Leben
Doch spüre auch die Lücken
Gedankenmauern reiße ich nieder
Baue dafür zu mir Brücken

Ruhe und Gelassenheit
Alles verteilt, im Fluss der Zeit
Gedankenschritte
Hin und fort zu meiner Mitte

Ein großer Schritt
Ein langer Weg
Wort und Schrift
Mich umgibt und mit mir geht

Chronologie

Die Chronologie
Reihe meines Lebens
Schreiben mein Ding
Erfüllung meines Strebens

Dichten und Sätze kreieren
Poesie und Gedichte
Worte schmücken und verzieren
Das ist meine Geschichte

Liebe zur Sprache
Ganz reiner Natur
Das Schreiben befreit mich
Einen Dank – an die Literatur

Das Schreiben ist –
Meine Lebensrettung
Wortdichte, Buchstaben
Reihenverkettung

Auf den kleinsten Fetzen Papier
Schreibe ich und zitier'
Texte aus dem Leben
Wenn nix mehr hilft, so halte ich dagegen

Weltstill

Wenn die Erde –
Den letzten Atemzug nimmt
Der letzte Stern am Himmel –
Hoch oben brennt

Wenn der Mond
Zum allerletzten Mal lacht
Mit der Sonne tauscht
Ist der Erde letzter Tag

Wenn kein Wind mehr weht
Das letzte Lüftchen vergeht
Wenn keine Welle mehr bricht
Wenn die Hoffnung keine Sprache mehr spricht

Wenn die Erde trocknet
Kein Regen mehr fällt
Dann ist es weltstill
Dann ist es weltstill

Wenn Mensch und Tier
Nicht mehr auf Erden sind
Auch Bäume und Pflanzen
Bis aufs Letzte verging'n

Kein letztes Glück
Kein Hoffnungsschimmer
Wenn Gott schlagen ging
Dann ist es weltstill

Kumpane

Verlorene Kraft, ohne Energie
Ausgepowert, erschöpft, dahingerafft
Kraftsauger, Energiefresser
Völlig am Ende, ausgelaugt

Kraft und Mühe verwendet
Antrieb und Saft bis zum Ende
Stell dir die Frage –
Wo du dir die Antwort denkst, Kumpane!

Schlafen könnte ich
Im Dauerakkord
Kurze Nächte, lange Tage
Replay and Record!

Mit den Nerven durch
Aber sowas von!
Von allem Guten
Will ich noch was abbekomm'

Bin voller Matsch
Manches im Leben ist quatsch
Als gemacht, als gemacht!
Irgendwann ist auch mal ausgemacht!

Gehen

Das eigene Gehen
Man wird es nicht spüren
Man bekommt ihn nicht mit –
Den letzten Schritt

Der Tag an dem man –
Diese Welt verlässt
So lässt man los, Menschen die einen lieben
Sie halten einen im Herzen fest

In Erinnerung lebt man weiter
Für Momente, Tage, Jahre als Bildbegleiter
Der letzte Weg unter frischen Rosen, unter Blumen liegen –
Die das Leben und das Aufblühen definieren

Unter der Erde mit der Natur vereint
Regen fällt, doch der Himmel nicht weint
Er bewässert für das neue Blühen
Wenn wir in ein anders Leben ziehen

Das Niederlassen unseres Körpers
Ist der Aufgang unserer Seele
Es ist der Übergang, keine Angst
Es geht ins ewige Leben

Meine Zeit

Ich vertrödele nicht –
Meine Zeit
Lenke mich nicht mit
Scheiße ab!

Sortiere lieber
Meinen Geist
Weil ich selbst etwas
Davon hab'

Meine Zeit, mein Leben
Meine Gedanken
Meine Möglichkeit
Meine Träume, meine Ziele
Fixiere mich auf –
Meine Wirklichkeit

Mein Schreiben
Es lässt mir Flügel wachsen
Gedichte reimen
Ist wie fliegen

Freiheit fühlen
Leben spüren
Keiner –
Wird mich jemals kriegen!

Schatten malen

Im neuen Schein das alte Sein
Schatten malen die Vergangenheit
Ich vergesse mich nicht, vergesse es doch
Teile von damals, sie existieren noch

Hin und wieder an manchen Tagen
Kommen Geister, die meine Gedanken jagen
Bitte nicht reden, bitte nix sagen!
Stellt mir bitte keine Fragen!

Die Zukunft wird bemalt
Mit frischen Farben
Alte Haut, alte Fäden überdeckt
Jede dieser Narben

Neues Leben, neuer Weg
Nichts bleibt stehen, weil es weiter geht
Der Junge wird zum Mann, der Mann zum Vater
Wanderung zum Reife-Krater

Neue Dinge fallen schwer
Bis sie laufen, dann fragt man nicht mehr
Aller Anfang Schwierigkeit
Ist Gewohnheit nach langer Zeit

Alles kann, alles geht
Weil nix im Leben muss!
Keine Panik – keine Sorge
Nach dem Ende ist dann Schluss

Das Beste im Leben

Es ist der schönste Moment
Genieße den Augenblick
Es ist das beste Leben
Die Lebensmelodie, sie vergisst du nie

Manchmal Tränentrauer
Manchmal Siegesfreude
Es ist dieser Misch des Lebens
Das beste Leben es ist heute

Die Ruhe dieser Welt
Finde ich in den Wäldern, in den Bäumen
Dort befinde ich mich
Zum sicheren Erhalt meiner Träume

Stadt, Großstadtlichter
Menschenmenge und Häuserdichte
Dort schreibe ich die Texte
Poesie, Lyrik – die Gedichte

So schön fällt die Abendsonne
Über den Waldesrand
Hoffnung, Ruhe und Zuversicht
Halte ich fest in meiner Hand

Suche mein Glück

Ich will Texte schreiben
Diese als Lieder singen
All meine Worte und Gefühle
Den Menschen näherbringen

Geboren um zu schreiben
Am Leben um zu reimen
Gedichte am Verfassen um –
Alle Menschen zu erreichen

Bühnenlicht, suche mein Glück
Jeder Schritt nach vorne
Den setze ich nicht mehr zurück!

Alles wird, alles läuft
Alles braucht seine Zeit
Je näher dem Ziel –
Dann ist der Weg nicht mehr weit

Gegen Elend, Schmerz und Leid
Schreibe ich seit Anbeginn der Zeit
Suche Freude, Friede, Glück
Was ich bekomme, gebe ich auch gern zurück

Lieblingszeilen

Ich will schreiben
Am Schreiben bleiben
Schreiben ist mein Leben
Schreiben in meinen Lieblingszeiten

Ich will reimen
Am Dichten will ich sein
Gedichte verfassen, mein Leben
Beim Schreiben bin ich ausgeglichen, fühle mich fein

Das Schreiben
Das Schreiben
Wie sollte mein Leben –
Ohne es wohl denn sein?

Das Schreiben
Beruhigt und belebt
Fühle Freude –
Bis so mancher Schmerz vergeht

Schreibe Zeilen im Wimpernschlag
Schreibe Seiten runter, den ganzen Tag!
Ich schreibe dir über das Leben
Das Leben wird immer etwas zum Schreiben geben

Gute Tage

Ich will weg, will fliegen
Herzergreifend siegen
Will leben, alles geben
Neu beginnen, nach dem Tritt daneben

Ich will frei sein, es bleiben
Segeln durch geile Zeiten
Will leben, es spüren
Es an Herz und Haut fühlen

Ich will lieben – mein Leben
In vollen Zügen genießen
Ich lasse diese Zeilen sprechen
Wörter fließen, Gedanken sprießen

Ich will weg, weit weg
Packe die Sachen und bin weg
Auf nach vorne, der Freiheit entgegen
Neuer Hoffnung jederzeit begegnen

Mache mich frei von schwerem Gepäck
Jetzt gilts, ich bin weg
Folge dem Regenbogen, seinen Farben
Ich begegne neuen, guten Tagen

Dicke Luft

Herrscht „dicke Luft"
Ist die Stimmung mies?
Alles verkehrt und daneben –
So wie es lief!

Mach dir keinen Kopf
Alles halb so wild
Bleibe bei dir selbst
So ist es richtig um dich gestellt

Lass es krachen
Lass es prasseln um dich herum
Tu was du tust für dich
Mach dich nicht für andere krumm!

Wenn die Segel reißen
Die Flaggen fallen
Schaue dem Schauspiel zu
Lass alles zu Boden knallen!

Alles im Eimer
Drauf geschissen
Es geht um dein Leben!
Und darum, nix zu vermissen

Brechstange
Oder doch Feingefühl
Glaube an dich und auch –
An dein eigenes Ziel

Glattgebügelt

Ziel versetzt, Linien verzogen
Glattgebügelt, es geradegebogen
Vertikal und horizontal gekreuzt
Boden gutgemacht, lege mich ins Zeug

Schwinge die Hüfte, ran ans Ruder
Paddel los und drück auf die Tube
Herzlichen Willkommen – trete ein
Immer herein in die gute Stube

Staubtrocken oder pudelnass
Gehe in Deckung, Pulverfass
Der Dichter muss dichten
Seine Werke hier verrichten

Altbekannt, auf zum Neuland
Alles liegt in deiner Hand
Noch nicht entdecktes ist –
Noch unbekannt

So wie es ist, wollte echt keiner
Alles wie es ist, voll im Eimer
Alles hat zwei Seiten
Wird das Eine größer, so wird das Andere kleiner

Frische-Wolken-Gedanken

Sommersonnen-Laune
Sonnendeck-Gefühl
Badestrand-Moment
Bitte mehr davon als viel!

Wellenschlag im Herz
Tauchgang meiner Seele
Ozeangroße Träume
Meeresbreite Wege die ich gehe

Frische-Wolken-Gedanken
Vermischen sich im Himmelblau
Regenbogenfarben im Hintergrund
Nix mehr zu sehen vom Regengrau

Sich besinnen
Bedeutet auch, Neuland zu gewinnen
Bewusste Auseinandersetzungen
Bewirken Mut für Veränderungen

Frische Luft

Mit dem Eiskaffee in der Hand
Frische Luft an der Lahn
Marburg mein Zuhause, hier gehöre ich hin
Hier schreibe ich diese Texte, hier bin ich, der ich bin

Ich liebe jede Straße
Jeden Baum an seinem Fleck
Jedes Haus an seinem Platz
Das Graffiti, sogar den Staub und Dreck

Marburg, dein tagtägliches Bild
Die Stadt, in der ich bin und bleiben will
Die Marburger Oberstadt
Schön die Lage am Rathausplatz

Sonnenblick, Schlossblick
Foto machen, Auslöser ~klick~
Marburger Abend, Marburg buy night
Gaststätten, Bars, Künstler-Szene – Highlight

Marburger Sommer
Sonnenwärme, schöne Zeit
Lahnwiesen sehr gut zum Abschalten
Einfach lang, fern und weit

Marburg Nord
Von den Afföllerwiesen bis hin zum
Südviertel – Friedrichsplatz
Auf der Bank im Park die Sonne genießen

Kindeswohl

Was ändert sich, was bleibt?
Mit dem Mäusekind in der Mäusezeit
Ich handle nun bedachter
Woran ich früher nicht mal dachte!

Einmal im Leben –
Es kommt die Zeit, Verantwortung übernehmen
So oft zwischen der Spur gerutscht
Gutes in den Händen und wieder rausgeflutscht

Will doch nur das Beste, dein Kindeswohl
Keinen Mist mehr bauen, ich liebe dich so!
Stress abprallen lassen, Hektik fliegen und liegen lassen
Nur das Gute und das Glück in die Hände fassen

Durch Wut und Ärger war, mein Ausdruck immer frei!
Heute bin ich Vorbild, vielleicht also Ausdrucksfrei!
Weiß nicht ob ich dies schaffe, doch eines ist gewiss –
Bevor ich spreche, denke was ich sage und was ich mache!

Kleines, Papa hat so viel im Kopf
So viel in seinem Schädel!
schreiben, denken, planen, leben –
Um ein gutes Leben einzufädeln!

Das Schreiben ist mein Leben
Habe ich immer gesagt
Doch ich lebe für dich
Das Schreiben hilft mir bloß durch den Tag!

Aber du entspannst mich
Wenn ich dein Lachen sehe
Bei all der schlechten Welt
Weiß ich, warum ich noch daraus gehe!

Wenn ich dir im Leben –
Auch nicht viel geben und bieten kann
Du hast mein Herz längst schon
Und da hängt so viel Liebe dran!

Mir geht's um dein Kindeswohl
Denn ich liebe dich so!
Papas Mädchen wirst du immer sein
Vom ersten Moment, bis zum Ende von meinem Sein!

Dir soll es an nix fehlen
Wo meine Leere war, will ich dir Liebe geben
Mir ist es wichtig um dein Wohlergehen
Will dich fröhlich und lächeln beim Aufwachsen sehen

Umschlungen wird das Kinderherz
Mit der Mutterliebe
Vom ersten Tag im Mutterleib
Bis zum ersten Tag in der Wiege

Dein erstes Lächeln

Dich das erste Mal im Arm
Dein erstes kleines Lächeln sehen
Dieser Moment, das Gefühl
Es wird nie mehr vergehen

Das erste Mal Fläschchen geben
Deine ersten hörbaren Töne
Deine tapferen Momente auf der Station
Der Blick in deine Augen, wirst du mich mögen?

Das erste Mal als du deine Augen geöffnet hast
Habe deine blauen Augen gesehen
So klein und so süß wie du bist –
Würde am liebsten nicht mehr von deiner Seite gehen!

Ich will an deiner Seite sein
Beim Aufwachsen dir zuschauen
Dich auf deinen Wegen begleiten
Jetzt und durch all deine Zeiten

Von einem Moment auf den anderen
Hast du mein Leben verändert und bereichert
Ich bin so froh, dass es dich gibt!
Schön, dass du an meinem Leben auch teilhast!

Kapitel 2 – Retro-Denkerei

Freunde der 90er
Echte Liebe
Cassetten-Recorder
100,- DM
Tischkicker
Cola Trinkdosen
Tetris
Retro
`92 eingeschult
PSX-SCPH-7532
BVB seit 1993
Kuh-Kack-Nest
1,44 MB 3,5" Diskette
Kita bis 4

Freunde der 90er

Das Leben vergeht
Unsere Zeit zieht vorbei
Das Leben nimmt seinen Lauf
Ich hab' hier Retro-Denkerei

Waren die besten Freunde
Fast schon seit Kinderzeiten
Die Weichen des Lebens
Veränderte unsere Seiten

Waren als Kinder
Fast wie Brüder verschworen
Die Zeit lief uns weg
Haben, die unsere verloren

Heute ist fast nix mehr geblieben
Nur wir auf der Strecke
Die Zeit der guten 90er
Die ich in Erinnerung erwecke!

Wir waren eigentlich wie Brüder
Wenn auch Jahre dazwischen lagen
Hörten auch gleiche Lieder
Ähnlich unsere Lebenstage

Was ist geblieben, aus all der Zeit?
Wir müssen was tun
Wir müssen irgendwann einmal gehen
Und wem geben wir dann die Schuld?

Echte Liebe

So gerne erinnere ich mich zurück
An meine Kindheit
Würde sie nicht eintauschen, kein Stück!
Denn sie war schön

Die Zeit mit den Cartoons
Helden die mich prägten
Fußball wurde ein Teil –
Der mich sehr stark bewegte

Im Alter von 7 Jahren
Habe ich schon schwarz-gelb getragen
Mein Verein – Echte Liebe
Bis heute so geblieben

Schulzeit alles andere als leicht
Hobbies halfen mir durch schwere Zeit
Wenig Freunde, viel Angst – Warum!?
Dieser Erkenntnis war ich fern, zu weit

Die Tage mit den Asthmaanfällen
Keine Luft, Atemnot!
Vieles durchgestanden
Überlebt, fast erstickt – doch alles ist gut!

An Kaugummikugeln fast erstickt
In der Schule zum Außenseiterkind
Doch die Freizeit, mein Leben
Schöne Zeit – dich heute mit den Liedern besing

Cassetten-Recorder

Die Jahre vergehen
34 an der Zahl
Kreuzworträtsel, XXO
Erinnere mich, wie es mal war

Wie freute man sich über
Geburtstage und Weihnachtsgeschenke
Wo ist heute das Gefühl geblieben?
So oft – an welches ich zurückdenke

Ein Hauch Nostalgie
Ich bin Befürworter
Erinnere mich an die Zeit
Mit Discman und Cassetten-Recorder

Radio hören und REC-Taste drücken
Spulen und PLAY wieder drücken
Erste Mal am PC mit Win 3.11
Mit dem Cursor auf Bilder klicken

Vier gewinnt!
10 Pfennig für den Kaugummiautomat
Zeitungen ausgetragen
Bisschen Geld für Videospiele gespart

Gefreut über die Schulpausen
Bolzen mit den anderen Kindern
Spätschule, 4-Stunden-Tage
So gerne, wo ich mich dran erinner'

100,- DM

Die Zeit – Nein!
Sie nimmt keine Rücksicht
Sie geht nur in –
Richtung Vorschau!

So erinnere ich mich zurück
Werfe auf die Tage meiner Kindheit einen Blick
Fotoapparat und Röhrenflimmerkiste
Bilder malen, Schatzkarte, Schatzkiste

Wassereis, Fußball-Stecktabelle
Wer waren die Kinderstars, Idole?
Fußballspieler und Musikbands
Frei von gesellschaftlichen Statussymptomen

Mit ganzem Stolz mein BVB-Trikot getragen
100,- DM – trug es an allen Tagen!
Passbild – alle Fotos in schwarz-gelb
Mein bestes T-Shirt der Welt!

Fußballreporter mein großer Traum
Fußballlogos gezeichnet, Spieltage nachgestellt
Tabellen S-U-V – eine ganz andere Bedeutung!
Fußball erfüllte meine ganze Welt!

Und dann Ende der 90er
Ende meines Lächelns
Denn dann kam die Horrorzeit
Bedingt des Schulwechsels

Tischkicker

Die Zeit in der die Welt –
Noch vollkommen in Ordnung war
Nochmal „zurück in die Zukunft"
Als Freunde noch Freunde waren

Unbeschwerte Zeit, Hausaufgaben hingeklatscht
Mit Freunden raus, war wichtiger –
Hausaufgaben morgens vor der Schule gemacht!

Kindergeburtstage, Kegeln fahren
Fußball, Tischtennis, Fahrrad gefahren
Was waren es noch für Zeiten gewesen!?
Mit dem Walkman unterwegs und die BRAVO gelesen!

Fußballbilder, Karten, Stickeralben-Sammlung
Musikcassetten, Autos gespielt und LEGOs
Kartenspiele, Brettspiele, Tischkicker
Wollte gewinnen, so legte ich los!

Bundesliga, Champions League
Meisterschale, nie vergesse ich das KK-Team!
BVB und SGE, PSone und Spiele-PC
Keeper combo! Ya ya yeah, coco Jambo!

Rollschuhe und Inlineskates, Schokoeis, Vanillemilchshakes
Einmal Fastfood im Jahr – das Highlight
Heute krieg ich davon schon die Kotzerei!
Damals war vieles noch selten und besonders!

So besonders, die Zeit mit den Großeltern
Heute ist es immer so „Erwachsen sein"
Einmal wieder als das Enkelkind durchs Leben schlendern!

Cola Trinkdosen

Einmal einen Tag zurück
In die tolle Vergangenheit
LEGO-Eisenbahn, Modellautos
Alles noch so einfach wie es war

Mit Matchbox und Hot Wheels
LEGO-Technik und Autoteppich
Bausteine und Lieblingsautos
Kein Handy, kein PC – Vibration aus und lautlos!

Fußball-Bundesliga
Sammelkarten jede neue Saison
Mannschaftsembleme auf –
Den Coca-Cola-Trinkdosen

Carrera-Rennbahn
Quelle-Katalog
Bestellung gemacht
Kindergesicht war froh

Gefiebert und gebangt
Wer in der Liga ab- und aufsteigt
34 Spieltage voller Spannung
Heute sind über 34 Jahre vergangen!

Tetris

Nintendo Game Boy, Tetris
Unsere Katze Molly
Chupa Chups Caps –
Es ging nicht um den Lolli

Ghostbusters, Scooby Doo
A-Team, Knight Rider, Batman
Viva Hits, Bravo TV – Charts
Skip-bab-bop – Scatman

Armageddon, Independence Day
Terminator 2 – hasta la vista Baby!
Jurassic Park, Peter Pan
Kindheit die beste Zeit, maybe

Freizeitpark, Wildwasserbahn
Loopingbahn habe ich mir nie angetan!
Edersee, Biggesee, Chiemsee
Ostsee – Kindheit, die ich noch vor Augen seh'

Dino Crisis 2, Resident Evil 3
Fußball am Bolzplatz
Freizeit –
Kindheit, geile Zeit!

99 auf 2000
Das letzte Jahr im Jahrhundert
Millennium –
Du wundervolle Kindheit

Retro

Das Eis am Stiel
Sommerferien, Schulpause
6 Wochen lang Fußball gespielt
Play Station gezockt Zuhause

Sommerferien – geile Zeit
13 Jahre alt, Tobi war mit dabei
Die PSone – Jump'n'Run
Kinderspiele, PLAYZONE – have fun!

Durch die Konsolengames
Musste mal über Maps navigieren
Gefallen an Rennsimulation
Fußball, FIFA – sowieso!

Ego-Shooter förderten die Konzentration
Spiel und Spaß, beim Verlieren – Frustration
Formel 1, Touring Cars – man war geil
Kindheit wo bist du? Es ist vorbei!

Heute alles Retro
Flashback-Erinnerungen
Geile Zeit, tolle Momente
Auf jeden Fall empfunden

Bei Driver durch –
Miami und San Francisco geheizt
Playsi – Spiele-Demos
Value-Games, es wurde nicht gegeizt

`92 eingeschult

Mir schießen grad so viele Gedanken durch den Kopf
Aus den guten alten Tagen
Tage an der Spielkonsole, am Tischfußball –
Alles aus vergangenen Jahren

Fahrrad gefahren mit Christoph
Werner Beinhart! Schauten wir jeden Tag
Bundesliga, BVB-Meisterschaft
Kindesalter von 10 Jahren!

1986 geboren, Kind der 90er
`92 eingeschult, 6 Jahre alt
`98 Hauptschule begonnen
Gezeichnet, gezockt, gemalt!

Chemie und Mathe war nie meines
In Deutsch Geschichten schreiben
Geographisch auch versiert
Nur auf Geometrie konnte ich scheißen!

Grundschule, Förderstufe
Immer schwarz-gelb, BVB in Kunst gemalt
Früh gewusst was ich möchte
Doch wurde nicht nach gegang'n!

Physik und Chemie – Kein Draht
Scheiß Algebra – Lyrik und Poesie, Interesse war da!
Reporter werden und sein
Träume geträumt die nie wahr werden!

PSX-SCPH-7532

Gran Turismo, Need for Speed
Crash Bandicoot, TOCA Touring Cars
Tomb Raider, Driver
Soul Reaver, Rollcage, GTA!

G-Police, Urban Chaos
Metal Gear Solid, Dino Crisis, Resident Evil
Parasite Eve, Tekken
Vagrant Story, Spyro, Medi Evil

Formel 1, FIFA, V-Rally
MDK, Rugrats
Ghostbusters
Colin McRae Rally

X-Files, James Bond, DOA
Bloody Roar, WipeOut, Final Fantasy
Alles lief auf der PSX-SCPH-7532
Play Station von Sony!

Castelevania
Abe's Exodus
Heart of Darkness
Pro Evolution Soccer, Abpfiff – und Schluss!

BVB seit 1993

Meine Farben
Mein Stolz, mein Verein
Meine Heimat –
Wirst du auch immer sein

In deinen Farben
So schlägt mein Herz
Schwarz-gelb
Ist meine Fußballwelt

Dein Zuhause die Bundesliga
Deine Heimat mitten im Pott
Im Westen, so oder so die Besten –
BVB, Borussia Dortmund

Bei Sieg und auch bei Niederlage
Es weht in jedem Sturm deine Fahne
Südtribüne besetzt, bis zum allerletzten Rang!
BVB, Borussia – mein ganzes Leben lang!

Kuh-Kack-Nest

Dortmund – Champions League Sieger `97
Klassenfahrt nach Schuby – Ostseestrand
Schulwechsel der dann anstand
Hauptschule, Berufswahl, Arbeitsamt

Kindheit im Landkreis Marburg – Biedenkopf
Dautphetal – Kuh-Kack-Nest!
Dorf an Dorf, Kaff an Kaff
Abgeschnitten von der Welt, dem Rest

Aufgewachsen in der Pampa
Doch an nix hat es mir gemangelt
Außer an meiner Grundschullehrerin Frau Wamper!

Ich war der Knallkopp
So nannte sie mich immer
Das habe ich nie wieder mehr vergessen
Das ist noch viel schlimmer!

Grundschule Buchenau
Hauptschule Dautphetal
Das waren Stationen –
In meinen 90er Jahren!

Allendorf am Hohenfels, auf ewig Zuhause und Heimat
Nur wegen Familie, weder wegen Ort oder Beirat!
Marburg ist meine Stadt, von der ich bis `96 keine Ahnung hatt'
Geboren in Biedenkopf bei Marburg an der Lahn –
In der 4. Klasse, sind wir auf Klassenfahrt, dahingefahren!

1,44 MB 3,5" Diskette

1,44 MB / 3,5"Diskette
300 Minuten VHS-Cassette
Polly Pocket, Scout, 4YOU
Ene, mene – raus bist du!

Klassenfahrten, Abschlusstaten
Im Unterricht vor den Lehrern versteckt
Leise und still irgendwelche –
Dinge ausgeheckt – Gefangen und versteckt

Malen mit dem Farbkasten
Male nach Zahlen
Erstes Referat in Politik und Wirtschaft
Die Bundestagswahlen!

1998 – die neue deutsche Rechtschreibung
TV – Rundfunk-Werbung
GZSZ – 1993 – erste Folge
Noch viel mehr Soaps, kamen dieser zufolge!

Große Haie, kleine Fische
Großstadtrevier
Jede Folge angesehen
Vom 14. Revier

Schulbus-Gedrängel
Schulbus-Gerangel
Letzter Schultag – Ferien!
6 Wochen frei, das war herrlich!

Kita bis 4

Röhrenkiste
Umstellung auf Flatscreen TV
Kindergarten bis 12
Heute geht die Kita bis nachmittags 4

Damals war die Welt noch –
So fern und so groß
Heute durchschaut man alles
Schmerzt und frustriert so vieles bloß

Träume und Wünsche
Waren zur Schulzeit noch ein Ziel
Heute rettet man sich von Woche zu Woche
Für Urlaub im Jahr und der ist nicht mal viel!

Bunte schöne Kindheit
Verblasst auf die alten Tage
Leben verlernt, Leben verloren -
Irgendwo dazwischen, gar keine Frage!

Malwettbewerb, Bundesjugendspiele
Spielerisch aufs Leben vorbereitet
In den Gesamtschulen, schiefe Bahn –
Viele sind beim Erwachsen-werden gescheitert!

Jump and run, Action-Adventure
Multiplejoyce – Prüfungsbogen
Ehrlichkeit und Moral, in Kopfnoten
Politik und Wirtschaft, es wird belogen und betrogen

Kapitel 3 – Gesellschaft/Literatur

Neue Zeiten
Momentan
Unter Druck der Gesellschaft
Neue Zeilen
Zuckerwürfel
Drachenkampf
Erste Woche
Wirkliches Leben
Perlen
Zauberkugel
Bücherbände
Entweder – Oder
Wichtig
Unterschiedlich
Cash
70 Jahre im Schnitt
Mitte 2020
Zeitgeschehen
Manchmal ist mir so

Neue Zeiten

Begrüßen will ich neue Zeiten
Verkünde Neuigkeiten
Ich lasse die Sonne wieder scheinen
Keine schlechte Laune, keinen Grund zum Weinen

Seelenglück
Freudenmoment
Fühlen wie man es
Wirklich kennt

Freude spüren
Spüre das Leben
Dankbar für alles –
All das Geben

So viele sind unzufrieden
Doch können nix ändern
Ich kann und will es
Es liegt in meinen Händen

Zeit für die Zeit –
Endlich Neues zu verkünden
Neuigkeit und gute Zeiten
Lass die Freude, in den Herzen entzünden

Momentan

Momentan ist viel los in meinem Leben
So viel los!
Keine Pause, alles zieht vorbei, alles treibt
Ich stocke bloß

Heute überholt gestern
Gedanken schon wieder beim Morgen
Pause! Bitte!
Das Tempo macht mir Sorgen

Alles über-überrollt mich
Keine Chance, ich packe es nicht
Kaum beginnt die Nacht
Ist der Tag schon wieder da

Alles schießt so vorbei
Die Hälfte des Jahres, auch schon wieder vorbei
Die nächste Hälfte beginnt
Man, wie die Zeit durch die Finger rinnt

Ruck-Zuck, Sekundenschnelle
In Windeseile, zur nächsten Stelle
Essen und Trinken wird reingekippt
Nimm mit, was es zum Abgreifen gibt

Ist es die Zeit, ist es die Gesellschaft?
Was ist es, warum alles so rast?
Tritt auf die Bremse, voll durch
Bei Tempo 300 und Vollgas!

Unter Druck der Gesellschaft

Bei allem was war
Gucken was bleibt
Vieles wird vergessen
Geschluckt von der Zeit

Fühle mich müde, K.O. – und kaputt
Schläfrig, erschöpft, schwer ist der Kopf

Ich ertrage es nicht mehr
Kann es nicht mehr hören
Alles in mir pulsiert
Mein Körper ist sich am Beschweren

Nerven zucken
Das Kribbeln im Kopf
Augen überanstrengt, zu viel gesehen!

Kann nix mehr hören
Ich kann echt nix mehr –
Nix mehr verstehen!

Das Rad der Gesellschaft
Es dreht immer weiter
Alles bricht und zerrt
Ich falle und schreie

Nix geht mehr vor, nur alles zurück
Der Druck so stark, dass er mich erdrückt
Das Fass ist leer, Herz steine-schwer
Hoffnung ist weit, die Seele sie schreit

Neue Zeilen

Neue befreite Zeilen
Diese will ich schreiben
Denn sie fallen schwer
In seltsam, sonderbaren Zeiten!

Wo geht's hin des Weges?
Wie bleibe ich unter Druck befreit?
Wie rette ich mich hier vor allem?
Warum fühle ich mich so derzeit?

Neue Träume, neue Ideen
Alte Zeit und altes Land
Neue Chance, so weit entfernt
Geht alles nicht aus leichter Hand

Schwer die Last, voll das Gepäck
Alles erfüllt – weder Sinn, nur Zweck!
Ich will gehen, ich will weg
Bitte Leben, bitte Leben, raus aus dem Dreck!

Mir liegt viel an meinem Wohlbefinden
Jetzt und hier, überall zu jeder Zeit
Ich will leben, ich will leben
Nicht nur darüber, schreiben oder reden!

Zuckerwürfel

Wortspiel, Entspannungsfreiheit
Einigkeit und Recht auf Freiheit!
Tag der Arbeit, endlose Zeit
Heute nah, morgen fern und weit

Eisen, Spiegel
Licht und Feuer
Schloss im Riegel
Dicht – wird teuer!

Schande, Mist – fatales Ende
An der Kante hängt Schiss, fällt in die Hände!

Würfelspiel, Zuckerwürfel, Warzenschwein
Würg und zieh' Butter, Kübel – bleib dabei
Magenschmerz und Augendruck
Klagendes Herz und Glaubensruck

Fern dem Land
Weit ab vom Schuss
Stern verschwand
Zeit ist knapp, Ende! Schluss!

Tonne auf, Sack rein
Deckel zu
Sonnenlauf, pack ein
Deck dich zu!

Drachenkampf

Gefährliche Brandung
Bruchpilot, Notlandung
Sehr weit oben an der Luft
Desto weiter ist die Kluft

Flammeninferno, Flächenbrand
Narbenhaut, die ganze Hand
Am Abgrund sehr nah bewegt
Blick nach unten, wie es tief es doch geht!

Wolkendecke zieht sich zu
Ultraschallbild des Himmels, siehst du!?
Wolken feuer-farbend
Flügel brechen, geht nach unten tragend

Aschenregen
Am Arsch von Eden
Drachenkampf, der Schlacht-Ruf
Es ist die Welt, die der Mensch hier schuf!

Erste Elite, 1st Unit
Kettenende – gehst du mit?
Der Spaß vorbei, ausgelacht
Wer hat sich den Scheiß hier ausgedacht?

Brennende Klippen
Fallende Träume
Feuertänze
Grenzen und Zäune

Erste Woche (Geburt meiner Tochter)

Schlaflose Nacht
Mehr als einen Gedanken, habe ich mir gemacht
Tränen waren nicht fern
Habe doch irgendwo, mein Leben so gern

Gestern Abend
Kam alles so über mich herein
Gemischte Momente
Aber alle zur gleichen Zeit!

Tränenvolle Gedanken
Zwischen der Trauer und dem besten Dank
Hielt an bis in die Nacht
Nennt man das wohl Leben? Nehme ich an!

Der eigene Schmerz
Berührtes Herz
Eigene Trauer
Bedeckt von Freudedauer

Mein Leben jetzt bereichert
Ein kleines Lebewesen ist jetzt da
Nie mehr gebe ich dich her
Meine Liebe zu dir, sie ist echt wahr!

Wirkliches Leben

Wie das Leben wirklich verläuft
Lässt dich nur erlesen
Es lässt sich nur erahnen
Aus Büchern, wie war es gewesen!?

Legendenbuch, Geschichtsbuch
Aufgeschrieben und niedergelegt
Schriften halten es fest –
Doch die Lebenszeit, sie vergeht

Was man fühlt, was man erlebt
Lässt es sich nachempfinden?
Nur Wort und Schrift erhalten
Doch das Leben ist am Schwinden

Alles hat seine Zeit
Leben – Familie – Arbeit
Man kann erzählen und schreiben
Doch das innere Gefühl, kann leider nicht ewig bleiben

Wir hinterlassen Zeugnisse
Geburtstagskarten, Tagebuch und Dokumente
Alles Sammelwerke bis zum letzten Tag
Bis an unser Lebensende!

Perlen

Wörter reimen
Gedichte-Kreation
Lyrik ist für mich wie –
Für den Händler, die Perlen-Sensation

Meine Schreib- und Dichtkunst
Ist wie des Malers Bild
Oder wie für den Bauarbeiter
Auf der Baustelle, das Baustellenschild!

Für mich sind Worte wie für –
Den Schreiner das Holz
Den CNC-Fräser der Stahl
Werke verrichten, voller Hingabe und Stolz

Wie das Starten der Rakete
Das Anbringen der Tapete
Frischanstrich und Bodenbelag
So ist für mich, das Schreiben jeden Tag!

Einen Abend unter –
Den Sternen sitzen und schreiben
Im Licht des Mondscheins
Allein einfach sitzen bleiben!

Bis zum Morgen –
Wenn die Sonne, wieder erwacht
Gedanken und Gefühle
Wieder einmal, zu Papier gebracht

Zauberkugel

Wie verläuft das Leben?
Was liegt auf deinen Wegen?
Meint es das Schicksal mit dir gut?
Ein Blick in die Zauberkugel

Was wirst du denn so –
Alles kreieren?
Wie durch dieses Leben –
Denn so spazieren?

Gehst du voran –
Mit ganz viel Mut?
Ein Blick in die –
Zauberkugel

Riskierst du einen –
Deinen Zukunftsblick!?
Trittst du vor –
Und nicht zurück?

Trägst du Ehre und Furcht
Ziehst du den Hut?
Wirfst du deinen Blick –
In die Zauberkugel?

Bücherbände

In meinem Kopf ist es grenzenlos
Gedanken und Ideen –
Sie sind Luftschloss-groß

Will keinerlei vom Heldentum
Einfach nur schreiben –
Mein ganzes Werk nur tun

Die Fantasie meiner Horizonte
Schreibt mehr als 1000-Bücherbände
Denn das Schreiben ist mein Leben
Das kann ich, ohne jedes Ende!

Mein großer Traum
Ich glaube an ihn und treibe ihn an
Nicht wie andere in die Röhre schauen
Sie reden bloß und packen nichts an!

Der erste Schritt, er ist entscheidend
Wenn dir etwas gelingt, dann wirst du beneidet –
Ist das richtungsweisend!?

Wunder und Glück
Vom Zufall ein Stück
Idee und Traum, der eigene Blick
Alles gehört mir, ich nehme es mit

Entweder – Oder

An die Wand gefahren
Zwischen zwei Stühlen
Scheiße bis zum Hals
Ein Gemisch der Gefühle

Entweder – oder
Eine Lösung muss her
Alles nicht einfach, ich weiß
Das Leben ist schwer

Kopf in der Schlinge
Messerscharf-geschliffene Klinge
Stehe am Galgen
Lösung muss her, nicht lange verwalten

Kopf im Sand
In die Knie gezwungen
Glatter Fehlversuch
Zu kurz bemessen, beim Weitsprung

In die Ecke getrieben
Finanziell und seelisch
Es geht um Kopf und Kragen
Moralisch oder geht nicht!?

Kopf kaputt
Vom Leben gefickt
1000 Verantwortungen
Kopf im Strick!

Wichtig

Was ist wirklich wichtig?
Was ist es der Rede wert?
Bei aller Richtigkeit
Es laufen auch Dinge verkehrt!

Was muss gesagt sein?
Was fällt unter den Tisch?
Bei allem Datenfluss
Vieles wird weggewischt!

Wer ist am Erzählen?
Wer hört hier noch zu?
Frustration und angepisst sein
Meinung äußern, dann doch tabu!?

Wenn niemand mehr redet
Wird stumm gesummt
Man hört den Denkkasten rattern
Wie er doch brummt!

Was ist richtig und wichtig?
Was überflüssig und fragil?
Der Müll in den Eimer!
Gesiebt, was bleibt über – nicht viel!

Unterschiedlich

Schwarz und weiß
Kalt und heiß
Ganz innen, ganz außen
Drinnen oder draußen!?

Alles könnte unterschiedlicher nicht sein
Wie der Unterschied schon ganz allein!

Groß und klein
Hand und Bein
Dick oder dünn
Halb so wild und total schlimm

Hühnerbrust
Speckmantel
Aufregend und langweilig
Alles gratis – geschenkt! Bis teuer und kostspielig

Lautstärke hoch
Doch der Ton ganz stumm
Entweder allein oder –
Noch 1000 Leute drum herum!

Alles könnte unterschiedlicher nicht sein
Der Unterschied bestimmt es ganz allein

Alles kann –
Aber nichts muss!
Fange an oder –
Mache nun Schluss!

Cash

Ausgezockt, totaler Crash
Teuer bezahlt, immer Cash
1000-mal auf die Fresse gefallen
Nie gecheckt, das tiefe Fallen

Immer bezahlt aus eigener Tasche
Kopf in der Schlinge, eng die Lasche
Alles begriffen aber zu spät
Erkenntnis kommt, wenn der Wahnsinn geht

Alles gesetzt
Alles verspielt
An allem vorbei
Planlos gezielt!

War von Dunkelheit befallen
In düsterer Zeit der Lüge vertraut
Ein böses Erwachen
In meiner eigenen Haut!

Am Ende der Rechnung
Aber immer den Preis fleißig bezahlt
Erkenntnis musste wachsen
Mit jedem beschissenen Tag!

70 Jahre im Schnitt

Es geht jeden Tag
In jedem Moment –
Einem Ende entgegen
Entgegen der Zeit, entgegen dem Leben

Genieße den Moment
Jeden einzelnen Augenblick
Denn jeder, kann der letzte sein!
70 Jahre haben wir alle im Schnitt!

Es ist unser Leben
Unsere Zeit
Genießt jeden Tag
Von allem was bleibt

Es geht um –
DEIN LEBEN
Nicht um das der Anderen
Genau – um dein Leben!

Alles, aber auch echt alles
Holt sich die Zeit
Mach was dir Freude bringt
Was dir in Erinnerung bleibt

Vergessen wird so viel
Alles im Zeitverlauf
Mach was dich glücklich macht
Ziel im Visier, ziele darauf!

Mitte 2020

Politiker ohne Skrupel
Skandale und viel Trubel
Massenproduktion
Klasseneskalation!

Oberschicht, Unterschicht
Willkommen am Gesellschaftstisch
Arbeiten wie bekloppt
Korruption wird nicht gestoppt

„Weiße" schießen „Schwarze" nieder!
Es passiert alles immer wieder!
Großer Nationen-Konflikt
Weil jeder jeden, auf seine Art und Weise fickt!

Zeitarbeit, Fleischindustrie-Skandal
Alles bloß billig – also keine große Wahl!
Ausnutzen, ausbeuten
Menschenleben – immer die „kleinen Leute"!

Skandale über Corona, Trump, Tönnies
Spahn, Laschet, Parteien –
Alles ein Schauspielkabinett
Der großen Schweinerei-Lakaien!

Zeitgeschehen

Was war das für ein Jahr
2020 – bis zum Juni
Heiße Ware, heiß begehrt
Klopapier und Nudeln!

Menschen mit Masken!
Auf der Nase, auf dem Mund, auf der Glatze!
Unter der Nase – manche tragen eine
Obwohl sie gar keine aufhaben!

Verrückt und kurios –
Corona ist los!
Die Welt dreht am Rad
Ein riesiger Mega-Schlag!

Trump impft Desinfektionsmittel
Tönnies-Fußballmanager und Fleischkittel!?
Ami-Cops ermorden „Schwarze"!
Der Showman aus den USA – trägt auf dem Hals, eine
ausdrückbare Warze!

Virologen, Politiker – Besserwisser
Wie die kleinen Kinder, Hosenpisser!
Mutti Deutschlands hat alles im Griff!
Alles beim Alten Gesellschaft im Siff!

Manchmal ist mir so

Wie halte ich das
Nur weiter noch so aus?
Jeden Tag
Derselbe Scheiß, ich will hier raus!

Jeden Tag aufs Neue
In den alten Trott
Fühle nix mehr, spüre nix mehr
Außer einer Menge Seelenschrott

Ich könnte kotzen
Denn ich habe die Schnauze so voll
Gib mir einen Kübel
Ich kotze ihn randvoll!

Seit Wochen, Tagen
Monat für Monat jedes Jahr – nix Neues mehr
Kopf durchlöchert mit Blei
Mein Herz, es wiegt mir so schwer

Keine Aussicht auf –
Etwas wirklich Besseres!
Ich schlucke die Rotze –
Und den ganzen Rest!

Ich liege im Dreck
Ganz unten drin
Ich wünsche ich fliege –
Und kriege die Biege hin

Kapitel 4 - Tiefgründigkeit / Dunkle Lyrik

Himmlische Stille
Finster und kalt
Selbstlos
Am Schleifen
Versinke in Gedanken
Dunkle Lyrik
Angst
Kaum zu glauben
Eigentlich
Kraftlos
Abzug
Lebenszeit
Ohren gespitzt
Virtuelle Tränen
Einsam
Blühende Rosen
Lebensrechnung
Wintermärz
Kaiserzeit
Seltsam
Scheinchen-Haufen
Doch im Grab
Dr. Lyrik
Scherbenhaufen

Himmlische Stille

Nichts zu hören außer
Dem Vogelgesang
Ruhe in den Wäldern und am
Fluss entlang

Hier ist himmlische Stille
Ist das vielleicht die
Himmlische Stimme?
Wer weiß, keiner es sagen!

Hier in den Wäldern, von Mutternatur
Stehe ich nun ganz allein und
Schaue dir von Angesicht in dein –
Nicht sichtbares rein

Hallo sage ich auch dir
Hallo dem Tod
Ich spreche mit dir über
Das Leben und die Angst und die Not

Wenn ich einmal gehe
Ist es doch gar nicht mehr schlimm
Schmerz und Trauer vergessen
Denn diese nimmst du doch, hinfort mit dir irgendwo hin

Die Ruhe in den Wäldern
Ohne Angst, Furcht und Sorgen
Auch nicht vor dir – dem Tod
Denn, wenn ich erwache, erlebe ich einen neuen Morgen

Finster und kalt

Finster und kalt
Ist manchmal mein Herz
Bei aller Lebensfreude –
Es fühlt auch des Lebens Schmerz

Freude am Leben
Die Angst vor dem Tod
Keiner weiß wann, doch jeder weiß doch
Dass er uns im Leben, irgendwann einmal abholt

Jeder Tag ist ein Geschenk
Jeder Tag auf dieser Welt
Gott - die unendliche Weite, hier dürfen wir sein
Er schenkt uns Zeit, doch bei ihm ist unser Heim

All das Leben
Ein Geschenk, letztendlich doch nur geliehen
Bis wir am Ende der Reise
Mit Gottes Engelein fliegen

Wir lernen zu leben
Wir lernen zu lieben und schätzen
All das was uns umgibt
Versuchen wir niemals zu vergessen

Solange wir leben
Können wir alles in unseren Gedanken tragen
Doch wo geht es hin
Wenn wir fortgehen, mich beschäftigt die Frage

Selbstlos

Im Leben – immer mehr als alles gegeben
Voller Einsatz zu jeder Zeit
Was hat mir das gebracht?
Von der Spur gerutscht, ganz schön weit!

Immer funktioniert auch wenn –
Es eigentlich nicht ging!
Immer über meine Grenzen agiert
Bis ich ausgeknockt an der Wand hing

Immer nur für andere
Mich krumm und kaputt gemacht
An meiner Gesundheit gelitten
Mehr als nur einmal – mich selbst als Opfer gebracht

Heute bin ich anders
Denke nun 5x über Dinge nach
Damals selbstlos
Das war mal – mit mir wird's nicht mehr gemacht

Seele hat gelitten
Psyche hat ihren Knacks!
Oft habe ich mir selbst gesagt
Ich will – und ich pack's!

Keine Zeit mehr vergeuden
Meine Wege selbst nun lenken
Bevor es ins Gefecht geht
Werde ich es vorher durchdenken

Am Schleifen

Innerlich bin ich
Mit der Welt längst am Arsch
Immer wieder befinde ich mich
Auf Tauchstation und Irrfahrt

Habe der Welt nix mehr zu sagen
Außer dass ich Schmerzen habe
Dass ich von ihr nix mehr erwarte –
Und ich den Scheiß nur noch ertrage!

Herzschmerz, Herz sticht in der Brust
Der Atem stockt, kalter Schweiß, Hitzeausbruch

Werde in der Nacht wach
Das wars mit dem Schlaf
Gedanken spielen ihr Gedankenspiel
Lebensweg bis ins Grab!

Lebensfreude, ausgeträumt das Leben heute
Schmerz und Leid, beste Freunde lange Zeit

Wie ein abgefahrener Reifen
Fühle ich mich zur Zeit
Kupplung am Schleifen
Der Weg ist noch so weit

Mein Körper in den Jahren
Innerlicher Verschleiß
Von außen nix sichtbar
Nur ich weiß um den ganzen Scheiß!

Versinke in Gedanken

Wie solls weiter gehen?
Tagtäglich versinke ich in Gedanken
Könnte schreien, heulen, beißen –
Lange noch kein Ausweg den ich fand!

Augen brennen, Brust schmerzt –
Vor belastendem Druck
Das ist wie das Salz in die Wunde!
ins Feuer – vom Spiritus noch einen Schluck!

Das ist ein wahrer, krasser –
Tiefer Wundenbrand
Nähere ich mich dem Ende!?
Befinde ich mich am Abgrund, am äußersten Rand!?

Jeden Tag –
So schreibe ich meine Schmerzen nieder
Warte, suche, will – die Rettung
Doch versage wieder!

Ganz einfach und schlicht
Das rettende Ufer ist nicht in Sicht
So ertrage, so bewahre ich –
Ein Teil des Leidens, bis mal eine Tränenwelle bricht!

Dunkle Lyrik

Auf finsteren Wegen am Wandeln
Höre die Dunkelheit schreien
Nur blutrotunterlaufener Mond
Angst, Gier – Gier nach dem Verschlingen ist am Gedeihen

So düster und finster der Pfad
Nur am Brennen, so glühend die Dämonen
Selbst der Schatten der Angst, ist in Furcht
Der Ritt durch die Hölle hat begonnen

Jeden Tag erneut auf dem Weg
Überall die Todesengel
Schwarz in schwarz mit Flügeln aus Staub
Und das Erklingen der Höllenklingel!

Kreaturen und Geschöpfe
Die nur Seelen verschlingen wollen
Nachtschwarze Wesen in den Schatten
Folgend deiner Schritte, sie sind angekommen!

Verrottetes Land, Früchte verfault
Ernte des Verderbens
Es ist des Teufels Mahl
Sein Leben, durch des Menschen Sterbens

Leid, Schrecken, Höllenglocken
Sie erklingen in der Finsternis
Der Teufel nährt von der Angst –
Denn er riecht, wie du dich fürchtest und bangst!

Angst

Woher kommen verstärkt die Ängste?
Welche Gesichter tragen sie?
In welcher Gestalt erscheinen sie?
Sind es Geister alter Zeiten?

Die Urängste aus Urzeiten
Die uns rund um die Uhr begleiten!
Angst, nicht zu gefallen! Angst, im Leben durchzufallen!
Ausgestoßen und sterbend im Dreck am Schreien!

Was lösen Ängste in uns aus?
Wie lange verfolgen sie uns?
Wie stark haben sie Einfluss auf uns?
Geprägt und gebrannt, gezeichnet seit Kind an!

Angst quält, Angst lähmt, Angst schläfert ein!
Angst verstärkt, Angst redet dir furchtbare Dinge ein!
Schlichtweg – die Angst vor dem Tod!?
Vor Elend, Armut, Leid und Not!?

Angst, ein Teil von Kummer
Trauer, Schmerz und verkrümmtes Herz!
Angst vor dem Untergang, Angst ein Leben lang!
Angst vor Bruch und Trümmer, Angst spielt mit dir –
Macht deinen geraden Gang nur krümmer!

Angst, sie ist nicht greifbar
Angst, doch immer da!
Wie weit du auch läufst, sie ist immer nah!
Angst regiert, Angst bestimmt, Angst verleitet –
Dich ins Zweifeln ganz besinnt!

Angst will Macht, Angst will Kontrolle
Bei Tag und auch bei Nacht!
Angst will dich regieren und
Angst soll dich durchs Leben führen!

Angst verwirrt, Angst beirrt
Angst ist des Parasites Wirt!
Angst belastet, Angst befasst sich – mit dir
Angst sie hasst, denn sie will den Besitz von dir!

Angst belügt, Angst betrübt, Angst manipuliert
Angst ist eisigkalt, dass du vor Starre erfrierst!
Angst bringt Wahnsinn!
Angst verstört!

Angst treibt den Puls, Angst im Herz
Angst füttert die Verzweiflung und den Schmerz!
Angst zu versagen, Angst zu verlieren –
Angst verkehrtes zu tun
Angst – aus deiner Schwäche, erntet sie Ruhm

Angst ist ein teuflisches Werk!
Angst, ein wachsend emotionaler Berg!
Angst lauert im Schatten
Angst – Ungeziefer und Ratten!
Angst und Mut, Zweifel und Zuversicht
Schatten und Licht, du vorm Spiegel – vor deinem
Ang(st)gesicht

Frei im Leben ist nur, wer keine Ängste hat –
Denn wer nicht um sein Leben fürchtet, hat keine Angst,
dass er es zu verlieren hat!

Kaum zu glauben

Es ist kaum zu glauben
Wo ging die Zeit hin?
Kaum zu glauben, ich blicke zurück
Suche nach der Zeit, doch finde kein Stück!

Kaum zu glauben
Wie die Zeit verrinnt
Ehe man sich versieht
Ist es zu Ende, bevor es beginnt

Zeit sie läuft, Zeit sie tickt
Was sie kriegen kann, nimmt sie mit
Es ist kaum zu glauben
Wo ging die Zeit hin?

Kaum zu glauben
Doch es ist wahr
Alles verging
Was einmal war

Zeit fragt nicht
Zeit wartet nicht
Zeit verstreicht
Ganz egal was auch ist!

Eigentlich

Eigentlich ist doch alles egal
Weil man eines Tages eh wegklappt
Wenn man stirbt, ist alles vorbei
Keiner, der etwas mehr nachfragt!

Mir geht's Scheiße
So richtig beschissen!
Sodbrennen, Brustdrücken
Herzstechen, Wunden gerissen!

Tue jeden Tag Dinge
Von denen ich keinen Plan habe
Dinge mich nicht interessieren
Nicht mein Lebe, nicht meine Tage!

Schwindel und Übelkeit
Lassen nicht nach, sind ständig da
Alle fragen immer „wie geht's"?
Alles Floskel – was sonst, na klar!?

Wollen alle nur hören, wie beschissen es einem geht
Um zu wissen, dass es ihnen, ja prinzipiell doch besser geht!
Verlogene Scheiße, macht alles so keinen Sinn mehr!
Innerlich am Arsch, bin einfach nur noch leer!

Jeden Tag könnte ich heulen, weinen und schreien
Warte auf ein Ende, denn das kann es nicht sein!
Nix ist schlimmer, als einem Platz Zeit zu verbringen
An dem man kotzen könnte, weil man leidet, auch schreien
könnte!

Kraftlos

Bin kurz vor der Resignation
Kurz davor aufzugeben
Keine Kraft mehr, keine Stärke
Nur noch müde und leer!

Kraftlos und erschöpft
Raus gerannt, ausgebrannt!
Schreien und heulen könnte ich
Ich kann nicht mehr, verdammt!

Hätte ich vielleicht eine Stange voll Geld
Wäre es leichter in der gesellschaftlichen Welt!
Doch Reiche werden immer reicher!
Arme, ärmer – bis man fällt!

Corona hat ja Platz geschaffen!
Anfang Juli 2020 – 500.000 Tote!
So viele Opfer!
Wieder Platz da, eine neue Note!

Die Alten müssen weg!
Die kosten nur Geld!
Kinder bringen nix ein
Erst ab 18 – also spart an ihnen ein!

Abzug

Akkutausch, Saftverbrauch
Totale Leistung – Kopf der raucht

Drehzahl an, Vorschub-Gang
Schilderwald – da geht's lang!

Lichtzeichen rot, Sichtweise in Not
Alle Mann! – aufs Rettungsboot

Vollzug, Entzug
Anschlag – Abzug!

Chemisches Element, frischer Zement
Serienteil – Körpersegment!

Blanko-Format, Bank-Automat
Ersatzteillager – dran mit dem Rad!

Aufschlag, Anschlag
Rein da – und raus da!

Lebenszeit

Jeden Tag, so auch heute
Ist es meine Zeit, die ich vergeude
Zeit tickt, sie rennt – Stein der rollt
Keine Sekunde die jemals zurückkommt!

Lebenszeit, Zufriedenheit
Gesundheit – Lebenssinn
Klingt alles so einfach
Doch bekommt einfach keiner hin!

Karussell, Riesenrad, Kreislauf
Gib alles oder gib auf!
Lebenslanger Lebenskampf
Fresse voll, kau durch und mampf!

Vollgestopft – alles hinein
Gesund oder nicht, wird nicht von Bedeutung sein!
Fertige Pampe, Hauptsache schnell
Tag vorbei, von dunkel bis hell

Erkennst du den Kreislauf?
Wenn du auf den Kreis schaust!?
Bist die Figur aufm Spielfeld
Staubkorn auf der riesigen Welt!

Einheit, Bund oder autonom
Gut zu Fuß oder jedes Mal Auto holen?
Fließverkehr, Rush Hour, Umweltbewusst
Morgen vergessen, was heute noch gewusst!

Ohren gespitzt

Leerlauf, Zeitverbrauch
Lückenlos im Lebenslauf?
Startposition – Stellenrang
Alles Teile vom Werdegang

Ohren gespitzt, Augen auf
Bedenke vor dem Sofortkauf!
Stellenangebot, Stellenbeschreibung
Anforderung, Angebotsunterbreitung!

Dokumentation
Anstrengende Situation
Angebot und Nachfrage
Standard sagt die Sachlage!

Dreh,- Kipp,- Winkelfunktion
Geheimcode – Manipulation
Senat, Dezernat, Aufsichtsrat
Augen zu und durch, allgemeiner Rat!

Falsch kalkuliert, Insolvenz
Feuer 112 – so schnell brennt's
Beweismittel sicherstellen
Spuren verwischen, da sind sie schnell!

Plan am Ort nicht umsetzbar
Verantwortliche nicht nachvollziehbar!
Karten legen, Karten ziehen, Karten spielen
Schlecht gemischt! Siehst du sie von dannen ziehen!

Virtuelle Tränen

Freiheit nur ein Wort
Demokratie gibt's an keinem Ort!
Leben ist eine Lüge
Arbeiten ist alles, was du sollst!

Malochen um zu bezahlen
Dass du die Macher fütterst, dafür gibt es Wahlen
Immer fleißig Fresse halten –
Und deine Steuern zahlen!

Für des Lebens Zeitvertreib
Gibt's soziale, digitale Netzwerke, also LIKE!
Virtuelle Tränen – virtuelle Liebe
Die ersten 20 Jahre der 2000er, bleibe oder fliege!

Technologie und Robotereinsätze
Menschenrationalisierung
Sie schreitet großartig, effizient voran
Diese moderne Industrialisierung!

Automatisierung, Geldbesessenheit
Der Reichen Gier nach Geld, zum Himmel schreit
Schichtsystem, schlaflos untergehen
Hauptsache du bezahlst, so ist das System!

Einsam

Zeit verstreicht, ein Leben wird alt
In mir nur Kälte, wie einem finsteren Wald
Freude ist davongezogen
Das Lachen, es hat seinen Sinn verloren

Einsam und allein –
Sternenlos zieht die Nacht vorbei
Fällt schwer zu glauben, doch alles ist wahr
Schmerz, Trauer, Einsamkeit, alles wahrnehmbar!

Kann nix mehr hören!
Will nix mehr sehen
Alles schwer zu ertragen
Zustand meiner Lebenstage!

Einsam wandele ich
In meinen Träumen, Gedanken umher
Alles löst sich auf, sinnlos scheints
Loslassen, fällt plötzlich nicht mehr schwer!

Im Tal verlorener Träume
Durch den Rausch der Dunkelheit
Auf den Wegen befinde ich mich
Licht und Hoffnung, sie scheinen endlos weit

Von Kummer getragen
Von der Traurigkeit bedeckt
Ich renne, laufe, flüchte – immer weiter
Denn ich will hier weg!

Blühende Rosen

Blühende Rosen
Reise des Lebens
Voll sind die Gläser
Am Ende des Tresens

Reden über alte Zeiten
Wundervolle Tage
Wo sind sie hin?
Die Momente all der Jahre?

Alles vergeht
Zieht einfach vorbei
Nichts bleibt stehen
Denn es verfliegt die Zeit!

Zeit, Zeit, Zeit –
Warte! Komm doch nochmal vorbei
Weit, weit, weit –
War die Reise vom Aus ins Vorbei!

Du schöne Zeit
Was hast du alles eingesteckt?
Ich gehe immer weiter
Du trägst das ganze Gepäck!

Zeit was hast du –
Denn alles angesammelt?
Fotos, Bilder, Erinnerung
Alles hast du einsammelt!

Lebensrechnung

Kalkulation, Rechnung, Mahnung
Buchung, Überweisung bezahlt
Lebensrechnung, das ist das Leben!
In Zahl – fakturiert jeden Tag!

Hier wird man doch bescheuert!
Finanzen, Kredit, Vermögen, Ersparnis
Alles schöne Dinge!
für die Wichser, für die wir, nur deren Plan sind!

Leasingverträge, Raten abstottern
Eigenes Leben ohne Sinn, für alles und jeden aufopfern!
Haushaltsbuch, Haushaltskasse
Alle verdienen an einem, Extraklasse!

Kontoinhaber – Soll statt Haben
Banken, Banker – wir bringen deren Zahlen!

Gesellschaft im Geldrausch
Hoffe sie ersticken im Geldhaufen!
Müssten Scheine beim Kacken scheißen!
Mistgeburten – auf ganz eigene Art und Weise!

Wintermärz

Verzweiflung und verlorener Mut
Schattengänger, erloschenes Licht
Weit entfernt – ganz weit weg
Von Trost, vom Licht der Zuversicht!

Schmerzerfüllte Seele
In Dunkelheit getränktes Herz
Kerzenfeuer, kratzige Kehle
Stumme Schreie – Wintermärz

Dunkle Schrift, düsteres Gift
Dunkelheit, beschreibt der Stift
Seelenlos und bitterkalt
König Frost, er ist schon sehr alt!

Kälte, Finsternis, Königreich –
Der Dunkelheit
Scharf die Klingen, Schattenzeit
Auf Leben und Tod, wer sich befreit!?

Jahre der Dunkelheit
Sie beginnen, brechen herein
Gefallene Engel –
Gerissener Hoffnungsschein

Schimmer von Zuversicht
Wohin man schaut, sie sieht man nicht!
Verzweiflung und Mut –
Wird am Ende, einmal – alles gut!?

Kaiserzeit

Ich schreibe diese Zeilen die –
Düster und erschreckend sind
An Plätzen wo ich leide
Wo ich weder Licht noch Hoffnung find'!

Gequälte Seele, getränkt in Leid
Finde keine Freude in dieser Zeit
Seele weint, innerliches stummes Schreien
Bin gefangen, muss mich befreien!

Ich brauche nicht viel zum Glücklich-sein
Weder viele Taler noch Glitzerstein
Will einfach nur leben mit wenig aber glücklich
Finde ich diese Tür – greife ich zu, jeden Stückes!?

Luxusleben wie royal und zur Kaiserzeit
Ist nicht und wird nie meins!
Will einfach nur Leben, Texte schreiben
Freiheit spüren, sie ist meins!

Dies hier ist nicht mein Leben
Dies wird es auch niemals werden!
Funkel- und Glitzerstein, goldener Taler und Werteschein
Nichts davon – ist jemals mein!

Seltsam

An Tagen wie heute
An denen Emotionen verstreichen
Aus Trauer und Freude
Aus Lachen und Heulen

Zwischen eiskalt durchziehen
Und tränenvoller Verzeihung
Glück und Trost gemeinsam
Bei derselben Verleihung!

Was gibt's zu gewinnen?
Was gibt's zu verlieren?
Seele erwärmen
Oder vor Kälte erfrieren!?

Seltsam immer dieser Mix aus –
Gefühlen
Die besänftigen und zugleich doch auch wieder
Aufwühlen!

Bilder der Vergangenheit
Momente aus schöner Zeit
Erinnerung und Stadt und Land
Fließt wie Sand durch meine Hand!

Scheinchen-Haufen

Sehe ich die Dinge zu krass!?
Von meiner Seite zu extrem?
Diese Gesellschaft in der Schnelllebigkeit
Ich mag sie nicht, es tut mir leid!

Erfolgsgetrimmt
Systemgesteuert
In jeden Abgrund –
Gefühlskalt und blind!

Materielle Dinge
So vergöttert!
Denn Gefühle, sind ja finanziell –
So wertlos!

So wie ich die Dinge sehe –
Wird sie so denn niemand sehen!?
Hauptsache man funktioniert
Bezahlt den Betrag zum Lebensunterhalt!

Du sollst sehen! Du sollst haben wollen!
Sollst kaufen!
Du bezahlst deren Gier
Sie erfreuen sich, am Scheinchen-Haufen!

Sehe ich meine Seite
Meine Gedanken, meine Wahrnehmung zu extrem?
Manchmal ist es hart und einsam –
So allein auf dieser Seite zu stehen!

Doch im Grab

Lieber ein armer Knecht
Aber Herz ist echt –
Als ein reicher Herrscher mit Besitz
Der von der Gier nicht mehr zu retten ist!

Lieber wenig in der Tasche
Dafür lieben, was ich mache!
Geld, ist der Gier Nahrungsmittel
Doch im Grab, ist es unnützes Mittel!

Dem Geld verfallen
Verderb der Menschheit
Was übrig bleibt
Als Erbe der Endzeit!?

Schnauze voll bis hinten gegen
Bis über den Anschlag weit hinaus
Mir kommt hier das Kotzen!
Ich will hier weg, ich will hier raus!

Die Lösung suche ich, den Lösungsweg
Doch alles nicht so leicht, was schwer nur geht!
Einfach Sachen packen, auf und davon!
meine Gedanken – doch hängt noch so viel daran!

Überlege hin und her und her und hin!
Schiebe, drehe, streiche, schreibe – neue Ideen hin!
Von allen Seiten durchleuchten!
Auf alle Fälle, für den Fall der Fälle vorbereiten!

Dr. Lyrik

Sie legen einen Wert auf
Siegel und Titel
Dr. med. Dr der Technik –
Dr. Gott! Dann bin Dr. der Lyrik!

Ich zerlege Sätze
Seziere Reime
Versteckte Botschaft
Lese zwischen den Zeilen!

Sie sind Doktoren
Vielleicht auch Professoren
Ich bin nur ein Schreiberling!
Zum Texte-schreiben geboren!

Ich kann nix, außer
Paar Zeilen basteln
Blatt mit Wörtern befüllen
Die sinnig im Konstrukt dann passen!

Bin wie gesagt, nur ein Schreiberling
Mit Wort und Schrift mache ich mein Ding!
Auf kurz oder lang –
Sind die Blätter dran!

Die Tinte das Medikament
Schreiben die beste Medizin
Texte und Zeilen
Die Wunden und Narben heilen!

Scherbenhaufen

Scherbenhaufen
Letzter Hauch vom Lebenstraum
Kaum zu glauben, aus - der Traum!
Keine Chance etwas aus ihm aufzubauen!

Ein leiser Schrei
Innerlicher Schmerz, geballte Wut
Zerspringendes Herz
Eisigkalter Schmerz!
Seele fühlt nix mehr
Kopf schwer, innerlich leer
Von Leere und Nichts –
Habe ich so viel und noch mehr!

Nerven zucken
Frust am Schlucken
So viel – bis ich dann kotzen muss!
Kein Ausweg, kein Schild auf dem draufsteht –
Wo es raus geht!
Alles stockt, alles steht
Nur meine wertvolle Zeit vergeht
Fuck Up! Lack ab!
Breites Lebensbild nur meines ist eng und knapp!

Jeden Tag der gleiche Scheiß
Kaffee rein, denk dabei ganz leis
So leise, dass mich niemand hört, dass mir keiner –
Den letzten Funken meines Glaubens an die letzte Hoffnung
zerstört!

Bonusmaterial

Deine gute Zeit (Widmung BIERWERK in Marburg)
Dein Leben – Deine Zeit (Widmung BIERWERK in Marburg)
Meine Texte für euch (Widmung für meine Leser/innen)
RFES-Homberg Efze 2016 – 2018 (Widmung Berufsschule)
HEPE (Widmung HEPE Disco 2004 – 2007)
Widmung diesem Buch AUS LIEBE ZUR SPRACHE
Widmung an die Musikband böhse onkelz (Eure Lieder)
Nachruf (Auf ewig in Erinnerung)
Das erste Jahr (für meinen Opa, Wegbegleiter und Freund)
EVB-Schulpraktikum 1+2.Klasse (Frühjahr, Marburg 2016)

Beipackzettel fürs Leben
1-2-3
Wenn ich schreibe
Herzloser Takt
Posaune positive Texte
Auf der Steintafel
Tageszustand
Liebe Depression – Widmung der F-Erkrankung
Blog an Gott – Kraftlos
Schattenpalast
Wolkenbild-Verlauf
Hurricane
Morgengrauen
Tropfen Poesie, Schluck Lyrik
Kraftschuss
Wie wäre mein Leben!?
Letzter Text im Bunde

Deine gute Zeit

Dein Tag geschafft
Es beginnt die Abendstunde
Dein Feierabend –
In deiner Freundesrunde

Durch Marburgs Abend ziehen
In die Oberstadt, zum Schlossberg rauf
An deine Freundeskreistafel
Im Bierwerk – hier steht dir die Türe auf

Trete näher, komm' herein
Hier wirst du willkommen sein
Im B I E R W E R K
Im B I E R W E R K

Hier ist deine gute Zeit
Musik, Freunde, Karaoke, Quiz
Im Bierwerk, da kannst du dir sicher sein –
Dass du nicht alleine bist!

Der Abend beginnt, die Nacht ist jung
Freunde warten, bring' sie mit und komm' rum
Hier ist kein Zufall geweiht
Hier ist deine gute Zeit!

Nach deinem Tun beginnt dein Leben
Hier triffst du deine Freunde gern
Im B I E R W E R K
Im B I E R W E R K

Dein Leben – Deine Zeit (Karaoke-Opening)

Zur Feierabendstunde
Sitze ich hier in meiner Freundesrunde
Ganz entspannt, die Nacht noch weit
Hier ist dein Leben, deine Zeit
Wir reden über alte Tage
Aus der alten guten Zeit!
All die guten alten Lieder –
Sie beleben die Vergangenheit

Bridge: Hier ist unser Treffpunkt!
Hier sind wieder jung und frei -
Solange bis die Nacht beginnt
Hier mit Freunden sitzen, was kann schöner sein!?
Refrain: Unsere Runde im Bierwerk
Es wird gesungen, gefeiert, gelebt
Hier sind die Karaoke-Stars -
Die Freude steigt, der Boden bebt

Der Abend ist noch jung
Bis erst die Nacht beginnt
K A R A O K E – S T A R S
Schnapp' dein Mikro und sing'
Sing und zeig was du fühlst
Es gibt nichts was du verlierst!
Ganz entspannt, die Nacht noch weit
Hier ist dein Leben, deine Zeit

Dieser Abend er gehört dir –
Der Moment, los nimm ihn dir!
Lass den Gefühlen den freien Lauf
Fühl' dich frei und sing' es raus!

Meine Texte für euch (Widmung an die Leser/innen)

Meine Texte sind fürs Überleben -
Die ich schreibe
Kein Goldketten-Image, Kein Gangster-Style
Alles was ich schreibe, ist für Menschen –
Die auch, wie ich leiden!

Das hier ist Hoffnung
Trost und Zuversicht
Weil du die da draußen
In der Gesellschaft nicht mehr kriegst!

Dies hier ist geschrieben für
Wenn alle Brücken brennen
Es ist die Zuflucht guten Ortes –
Zu dieser kannst du rennen!

Dies ist gegen das Leid –
Der guten, nämlich meiner Gesellschaft
Gegen das Leiden des kleinen Mannes
Der immer zahlt, der immer dran ist!

Diese Zeilen sind ein Halt
Wenn du allein bist –
Dies ist gegen die Leute wegen denen –
Wie es aus Eimern gießt, so viele Tränen pisst!

Das ist der letzte Abgrund
An dem es nicht in die Tiefe geht
Weil der Halt hier sicher ist
Wenn man zusammen einsteht!

Das ist ebenfalls geschrieben für
Mein ganzes Seelenleid
Zur Hoffnung, zum Überleben
Auf der Suche nach dem Seelenheil!

Augenmigräne
Verschwommenes Sichtfeld
Augen am Kneifen
Nerven gereizt!

Ohren hören das Pfeifen
Eine Seite –
Plötzlich wie taub – Hörsturz!?
Alles überreizt!

Schläfen schmerzen
Und zwar so sehr
Kann nix mehr hören
Aufnehmen im Kopf, kann ich lange schon nix mehr!

Zu viele Stimmen
Durcheinander so laut –
Wie ein Zug
Der durch den Bahnhof haut!

Bei allem Leid, bei allem Schmerz
Gebt nicht auf und haltet Stand
Niemand von uns ist alleine –
Reichen wir uns gegenseitig die Hand!

RFES-Homberg Efze 2016 – 2018 (Widmung Berufsschule)

2 gute Jahre
Die ich in Erinnerung trage
RFES – Homberg Efze
So schnell vergingen die Tage!

Alles hat im Leben seine Zeit
Es zieht weiter, was nicht bleibt
Jugendherberge, Blockunterricht
Es ging mir besser, wie lange nicht!

Alles im Leben zieht vorbei
In Erinnerung bleibt die Zeit
2015 Bad Homburg, Wingertsberg
Ende `15 – Bühne-Premiere

Marburger Abend, eigenes Logo gestaltet
Sommer 2016 – neues Leben gestartet!
Zeitarbeit, beschissene Zeit
Homberg Efze, Bühne Marburg, haben mich befreit!

Jan, war des Beste aus der Klasse
Verstanden uns von Anfang an, es passte!
Auf Seminar – VBG, Gevelinghausen
Tischkicker, Zeit war schön, in manchen Pausen!

HEPE (Widmung HEPE Disco 2004 – 2007)

Gerade mal 17 Jahre alt
Schule aus und vorbei
Zerspanungsmechaniker-Lehre
GTA Vice City-Spiel, das war noch geil!

Schlagartig die Zeit vorbei
Lehrjahre sind keine Herrenjahre!
Bekam ich so oft zu hören!
Nervte an so vielen Tagen!

2004 – das erste Mal unter Leute
Dorfdiscoabend, Woche drauf HEPE
Da traf ich „Manolo und Nils"
Erstes Mal onkelz – Techno ade!

Fast jedes Wochenende
HEPE
Lang waren die Nächte
Ohje!

Immer dabei – Suis, Ela, Nils, Manolo
Henning, Michi, Chris und Marina
HEPE-Claus – like to move it –
Die Zeit kommt leider nie wieder!

Manolo mit seinen dollen Dingern!
Mit all den lustigen Geschichten
Hin und wieder, bin ich die –
Alten Tage am Vermissen!

Widmung diesem Buch AUS LIEBE ZUR SPRACHE

Zeit für gute Zeiten
Denn ich will durch gute gleiten
Neues Buch beginnen
Die schönsten Seiten schreiben

Herzgefühl, gefühlvoll, lebensecht
Hautnah bis tief unter die Haut
Zeilen verfassen, in denen man –
Tief unter die Oberfläche schaut!

Freude und Trauer
Das wahre Leben
In ganzer Länge, in voller Dauer
Zwischen nehmen und geben!

Mir geht's so heiter – bis Wolkenbruch
Keine Zeit zum Verschnaufen
Salzige Tränen mit –
Verschmierten Gedanken am Verlaufen

Das Eis ist geschmolzen
Fest verriegelt der Bolzen!
Die Eisenkette rostet
Kraft, Mühe, Energie – hats mich gekostet!

Rettungsposten, Anker geworfen
Gute Momente knapp verfehlt
Weiter auf Route
Solange das Segel im Wind noch weht!

Widmung an die Musikband böhse onkelz (Eure Lieder)

Ich höre eure Lieder
böhse onkelz – immer wieder
Sind der Halt im Leben
An allen Tagen, in aussichtslosen Lagen

Ich weiß jeder Schmerz vergeht
Denn nichts hat Bestand –
Nicht mal das ganze Leid
Eure Zeilen erinnern mich daran, nichts ist für die Ewigkeit

Freunde kommen und Freunde gehen
An der Zeit lässt sich nix drehen!
In Momenten voller Trauer und Einsamkeit
Gibt's Seelentrost – darum meine Dankbarkeit!

Seit dem Hören eurer Lieder
Glaube ich an die Stunde der Sieger!
2006 begann ich zu schreiben
Dank euch, kam ich zu so vielen Zeilen!

Ihr seid der Halt, die Stütze
Wenn die Balken alle krachen!
Diese Lieder – auf gute Freunde!
Auf euch kann man sich verlassen!

Randfiguren, unverstanden
LA FAMILIA
onkelz hasst man, oder liebt man
Viva los tioz, viva la vita

Nachruf (Auf ewig in Erinnerung)

Ich sitze so hier
Ein ganzes Jahr zog davon
Gedanken immer bei dir
Kaum zu glauben, 1 Jahr ist es schon!

Ich trage dich
In Erinnerung zu aller Ehre!
Ohne dich ist nichts mehr wie es war
Wird auch nicht mehr so werden!

Manche Tage machen's mir schwer
Das Gefühl von – „ich kann nicht mehr"!
Doch deine Worte selbst –
„Was nützt es alles, man muss weitermachen"!
Du hast Recht doch –
Schwer fallen mir so leichte Sachen!

Abschiede sind nie leicht
Hauen brutal ins Innere rein!
Bei allem Verstand, bei aller Vernunft
Das Herz ist kein Stein!

Die Seele trägt Trauer
Immer noch von Dauer
Es vergehen die Tage – zu Jahren
An denen werde ich dich immer im Herzen tragen!

So viele Lieder
Texte und Trost
Den Schmerz allerdings –
Werde ich nicht los!

Das erste Jahr

Das erste Mal kommt es mir vor
Als hätte ich im Leben was richtig gemacht!
jetzt bist du nicht mehr da –
Ich hätte niemals mehr daran gedacht

Alles so unfassbar
Wahr, der schönste Traum, in trauriger Realität
Die Zeit und das Leben trennt uns
Warum, erreichte mich mein Glück zu spät!?

Und ich frage mich
Wie es dir da oben geht!?
Jetzt habe ich Tränen in den Augen
Wünschte mir sehr, könntest zu mir hier herunterschauen!

Heute habe ich doch mein Leben
So gut es geht im Griff
Doch du bist nicht mehr da
Man, das nimmt mich echt mit!

Jetzt wollen die Engel
Plötzlich mit mir Frieden?
Bekommen sie bloß –
Alles dir zu Liebe!

Habe dir noch so viel zu sagen
Sehen uns wieder, irgendwann – in vielen Jahren!
Die Zeit trennt uns, holt uns alle ein
Tränen in meinen Augen
Warum sollte es so sein!?

EVB-Schulpraktikum 1+2.Klasse (Frühjahr, Marburg 2016)

Das war ein Frühjahr -
Die Weichen neu gestellt
Berufliche Neuorientierung
Erinnere mich gern an diese Zeit

1+2. Klasse - Nachmittagsbetreuung
Die Welt nochmal durch Kinderaugen sehen
Draußen am Schulhof Fußball spielen
An der Tischtennisplatte stehen

Schön war die Zeit
14 Tage Praktikum –
Erinnerung an die eigene Schulzeit
Wie schnell ging die Zeit bloß um!?

2016 – Jahr nach dem Burnout
Immer noch derselbe Mensch, in selber Haut
Diese Zeit hat beflügelt, erinnere mich gern zurück
Man muss die Augen offen halten, denn da draußen ist überall
doch Glück!

Jetzt sind schon wieder 4 Jahre um
In mir diese Erinnerung
Auch die Kinder sind nun groß geworden
Zeit vergeht, frage mich –
Was ist aus ihnen bloß geworden

Die Zeit vergeht, der Zeiger dreht –
Die Zeit sammelt ein was sie zu holen kriegt
Kinder werden groß, Erwachsene werden alt
Zeitverlauf, die Zeit macht keinen Halt!

Beipackzettel fürs Leben

Anleitung fürs Leben
Wurde hier nicht mitgegeben!
Finde deinen Weg in diese Welt hinaus
Wer meint es gut, wer nicht – finde es raus!

Schuldige und Sündenböcke
Die werden immer gesucht
Auch gerne dann angeprangert
Anhörung, warum du – was denn tust!?

Das ist ein Beipackzettel fürs Leben
Merke dir, deren Verhalten und wie reden
Wie sie handeln, was sie wollen
Alle tun und machen – was sie doch gar nicht sollen!

Hier ist der Schluss der Lustigkeit
Der Spaß vorbei!
denn die Scheiße kotzt mich an
Hier steckt der Teufel im Detail!

Ungerechtigkeit und Scheißdreck
Öffentliche Hinrichtung im sozialen Netzwerk!
Im guten Licht steht nur –
Wer andere in den Schatten stellt, geile Gesellschaft –
Eine geile Welt!

1-2-3

Vom Pech verfolgt, am Glück vorbei
Auf ein Neues – los geht's bei 1-2-3
Aussicht groß und weit und breit
Neubeginn nach der Vergangenheit!

Neues Land, frischer Hauch
Frische Kraft, ist was ich brauch
Traumziel, Traumreise, rein ins Glück
Auf dem Weg, lohnt sich jeder Schritt!

Abgetaucht und durchgeschwommen
Gute Laune, ganz besonnen
Kurze Strecke, kein langer Flug
Vom Besten bitte! Mehr als nur genug!

Habe Glück bestellt, so ganz spontan
Soll andauern, von nun fortan
Befinde mich auf dem Weg
Sternenwarte – Glücksallee

Freudentanz am Straßenrand
Freude greifbar, gepackt in jede Hand
Wolkenform zum Stern gezogen
Farbenroh, der Himmel gewogen

Wenn ich schreibe

Wenn ich schreibe, dann vergesse ich
Schmerz, Leid, Hass, Wut – die Depression
Denn ich lebe in Worten, in Zeilen
Alles was ich bin, zählt in dieser Situation

Druck auf der Brust
Kopfschmerz und Herzstechen
Alles noch da, doch wie betäubt
Kann nicht anders als Worte aufs Papier sprechen!

Es ist Therapie, 24-Stunden Heilung am Tag!
Seelenhygiene, sehe es nüchtern und klar!
In Gedanken versinken und Reime dichten
Alles was ich will und kann, meine Geschichte!

Seelisch erkrankt, seelisch gelitten
Muss die Zeit nehmen, weil ich sie brauch
Würde ich nicht schreiben, würde ich sterben
Ist Tatsache, nicht nur was ich glaub!

Fakt und real, keine große Wahl
Schreiben ist – den Kummer ertragen
Für mich ein mögliches Leben
Um mich nicht ständig bei Menschen zu beklagen!

Herzloser Takt

Herz schwer wie Blei
Gute Laune fast schon Zauberei
Depression – hier nicht schwer!
Herzloser Takt, seelenlos leer!

Beklemmend und erdrückend
Negative Schwingung, sehr entzückend!
Menschen-Schmerz und Leere
Unerträgliche Lebensschwere!

Innerlich abgrundtief begehbarer Weg
Einmal betreten, für Umkehr zu spät!
Gefesselt – in den Bann gezogen
Hin getrieben durch Entzündung der Gedanken und von
Menschen belogen!

Seelengefangenschaft
In der Dunkelheit
Schmerzerfüllte, emotionsstarke
Tiefgründigkeit

Absteigen in die Tiefe der Seele
Wie das endlose Schwarz der Nacht
Zum Verwirren, so viele Wege
Dauerzustand im Albtraum wach!

Posaune positive Texte

Ich posaune positive Texte
So oft doch nach draußen raus
Doch in meinem Innern
Da sieht es so oft doch ganz anders aus!

Innerliche Baukonstruktion
Vergleichbar wie ein Kartenhaus
Harter Schlag von außen –
Seelischen Schmerz, ich halte ihn schon aus!

Aushalten, durchhalten – immer
Um jeden verdammten Preis!
auf der Strecke liegen geblieben
Erpressbar, quetschbar, des Lebens großer Scheiß!

Verantwortung tragen
Moral zubetoniert, unter der Erde begraben
Menschlichkeit, jegliche Werte
Alles im Arsch, ist leider so – also merke!

Merke Satz der Definition
Hass und Wut ist wie Feuer und Benzin in selber Situation
Gieße Benzin ins Feuer –
BOOM – ACTION – ABENTEUER!

Auf der Steintafel

Es macht mich krank
Diese Welt, diese Gesellschaft, Krampf und Kampf
Es macht mich kaputt
Dieser Scheißdreck, der ganze Lebensdruck!

Antriebslos und ermüdet
Abgenutzt von der Schleifscheibe
Ich gebe auf, bin am Ende –
Steht auf der Steintafel geschrieben mit Kreide!

Es lässt nicht nach, geht nicht los
Bin am Anschlag, vor dem letzten Stoß!
Ich halte es nicht mehr aus
Ich will weg, ich will hier raus!

Gefühle und gerissene Wunden
Seelisch qualvolle Stunden
Muskeln verkrampfen, anhaltende Anfälle
Stimmungsschwankung, tief ins Gefälle!

Fuck-Up, Pop-Up – Mega-Kack!
Schnauze voll, total! Läuft über, toll!
Keinen Nerv mehr, Kopfschmerz
Kalte Seele, Leere im Herz!

Tageszustand

Mein Kopf ist wie betäubt, vernebelt
Zwänge die Mahlzeit in der Pause hinein!
Zitteranfall unter der Haut, kribbelt
Diese Symptome können nicht mehr gesund sein!

Verkrampft und angespannt schlucke ich
Nehme weder Geschmack noch den Hunger wahr
Kribbeln im Kopf – Sehnerv gestört
Was ist mit mir los? Was in mir da?

Magenkrämpfe, Schwindel, Tageszustand
Depp vom Dienst, dieser Arbeitsplatz macht krank!
8 Stunden am Platz zu sein, den man nicht mag
Quälerei ganz stark, höchster Härtegrad!

Kann nix positives hier abgewinnen
Schmerzerfülltes Leid, die innerlich nur Tränen bringen!
Habe die Schnauze voll und keinen Bock mehr
Keine Motivation, Flasche der Begeisterung auch leer!

Kann die Fratzen dieser Mitmenschen nicht mehr sehen
Fassaden, Facetten – die für nix wahres stehen!
Kann deren dummes Geschwafel nicht mehr hören
Ertrage es nicht mehr, haltet die Fresse, ihr seid gestört!

Ich will weg
Allein sein und meine Ruhe haben
Ihr seid so scheiße
Selbst die Nörgelei, kann euch nicht mehr ertragen!

Liebe Depression – Widmung der F-Erkrankung

Kann dem Tag nix Gutes abgewinnen
Widerwillen muss ich hier die Zeit verbringen
Der Kopf und die Gedanken ganz wo anders
Will in die Freiheit an das Meer des Landes

Seele voll, abgestellt sämtliche Schrott
Zum Fliehen zu spät, denn komme nicht mehr fort!
Kann nicht mehr filtern, nicht mehr sieben
Will einfach weg, weit wegfliegen!

Ich breche immer wieder ein
Kann konstant nicht bleiben
Fällt mir alles schwer, tut mir auch leid!
Aber ist das Defizit meiner Gesundheit

So schnell erschöpft, hart am Limit dran!
40-Stunden-Woche, für mich zu viel man!
8 Stunden am Tag –
Bin danach sowas von im Arsch!

Ich sitze hier, die Minuten rattern runter
Auf der Uhr bis vier!
Jeden Tag, stetig gleicher Ablauf

Ich kippe aus den Latschen
Standard leider schon!
Der Fall auf die Schnauze
Beim Besteigen vom Thron

Konzentration fällt mir schwer
Nervenstränge überreizt und zwar sehr
Schwindel, Bluthochdruck, Kollaps ist nah
Ein ganz normaler Arbeitstag!

Meine Gesundheit im –
Zwiespalt der alltäglichen Pflicht
Doch Sorge allein
Trage doch nur ich für mich!

Weiße Fahne in der Hand
Gebe auf, weil ich nicht mehr kann!
Sichtlich voll im Arsch
Habe gekämpft, alles verdammt nochmal getan!

Ich könnte heulen –
Denn in Flammen stehen meine Träume
Angeknackst mein Seelenheil
Sehne der Schlusspfiff herbei!

Gedanken verschwinden
Hoffnung geht auf Abschiedsreise
Ich bleibe alleine zurück –
Tränen laufen, ganz still und leise

Ich kann hier leider nur –
Depri-Shit schreiben denn
Mir gefällt es hier nicht
Seit Ankunft meiner Zeit!

Jetzt vergehen schon
Tage-Wochen-Monate
Alles nur ein Zustand
Den ich hier ertrage!

Finde keinen Trost
Keine positiven Seiten
Ich gehe hier kaputt
Denn ich bin am Leiden

Armer Hund
Ein letzter Heuler
Ich will hier nicht sein –
Ich brenne wie das Feuer!

Vieles lässt mich mittlerweile so kalt
Zieht mir am Arsch vorbei
Einmal durchgewunken
Freifahrtsschein!

Mit der ganzen Schuldigkeit
Kann man das Klo verzieren
Wird es zu viel –
Einfach etwas davon runterspülen!

Müllansammlung
Dreck der Gesellschaft
Nimm nichts mehr auf!
Viel vom Schrott schon aufgestaut!

Alles was gewesen ist, Stationen wo ich war
Ergeben das Gesamtbild, alles Teil der Wahrheit – klar!?
Menschen, Momente, Situationen –
Gute Augenblicke – Fluktuationen

Liebe Depression
Ich weiß – du willst mir den Tag vermiesen
Geschafft hast du es ja leider schon
Mehr als einmal, mehr als genug!

Freust du dich denn –
Wenn du deine Aufmerksamkeit ausleben kannst!?
Mich nervt es tierisch
Mehr als du es dir vorstellen kannst!

Immer deine verfickten, negativen Episoden
Warum, immer und immer wieder!?
Kenne dich schon auswendig, sowie –
Meine Lieblingstexte meiner Lieblingslieder!

Angst und Beklemmung ist dein Ausdruck
Verzweiflung und Burnout-Gefühl
Eines sage ich dir heut', bin ich am Ziel –
Im Leben am Ziel! Dann lässt du mich kühl!

Was verursacht eine Depression!?
Welche Empfindungen werden hervorgerufen?
Falscher Arbeitsplatz, falscher Beruf!?
Dies ist nur eine, von ganz unterschiedlichen Erklärungen!

Bei mir ist es der Arbeitsplatz
Meine Kreativität und Liebe zur Sprache –
Sie kommen nicht zum Ausdruck
Finden keine Möglichkeit zur Entfaltung!

Daher handeln die Texte
Oft aus Missempfindungen meiner Psyche!
Bedingt durch den Arbeitsplatz!
FUCK!

Montagsdepression
Dienstagsanspannung
Mittwochskrampfhaltung
Donnerstagslastfallendes-Gefühl
Freitagsfreiheits-Alles-egal-Gefühl
Samstags-Lebensgefühl
Sonntags-nicht-schon-wieder-Montags-Gefühl!

So rotieren meine Gedanken
Kein guter Platz zum Landen!
Mein Leben bleibt auf der Strecke
Ist kein Albtraum, aus dem ich erwecke!

Ich muss was tun, was mir Freude bringt
Nicht was mir Kraft und Mut noch nimmt!
Falscher Job – Falsches Leben!
Nicht möglich!? – Doch, solls geben!

Blog an Gott – Kraftlos

Heute ist wieder so ein Tag
Fühle mich wie durchgekaut und ausgespuckt
Kloß im Hals, Bronchien dicht
Herzstechen, taub der Arm, Druck auf der Brust!

Mein Gesundheitszustand Tag für Tag!
Weiß nicht, was ich noch tun soll!
Einfach normal leben, normal was tun
Das ist alles, was ich wollt!

Kribbeln im Kopf, Augenschliere
Sehstörung – im Blick Geschmiere!
Druck auf der Brust, macht mich kaputt
Herzschmerz, Herzstechen, Puls ganz hoch!

Mir ist übel und schlecht!
Sodbrennen, könnte kotzen echt!
Ich halte es nicht mehr aus
Quälerei, tagein und tagaus

Was mache ich zur Beruhigung
Trinke Tee und schreibe die Zeilen
Kribbeln im Kopf – Atemwegsbeklemmung
Heute schreibe ich wieder übers Leiden!

Donner und Blitzlichtgewitter
Im Innern vom Schmerz am Zittern!
Im Kopf drehen die Gedanken durch!
alles verwirrt und beirrt dadurch!

Nervlich so angeschlagen, fühle den Schmerz
Eiskalt in mir, verkrümmtes Herz!
Taumel vor Schwindel, alles zu viel!
Stechen im Kopf, Kribbelgefühl!

Kann nix tun, keiner kann mir helfen!
Denn niemand sieht in mich hinein!
mit der Kraft am Ende, schleife mich durch
Dies soll mein Leben sein!?

Sitze hier und quäle mich in all meinem Schmerz
Warte aufs Ende, doch wie schaut es aus?
Gibt es einen Heilungsprozess –
Oder gehen einfach die Lichter aus!?

Ich nimm nix mehr auf
Überall nur Gemecker, und Reklamationen-Auflauf!
Input, Input, Datenfluss in den Kopf rein
Gehe kaputt, bin sprachlos wie ein Stein!

Rauschen im Ohr, ganz grell der Ton
Bin ich am Ende – angekommen schon!?
Ich bin so im Arsch, doch keiner weiß es von denen!
Ich sage es auch nicht, helfen kann mir keiner von denen!

Schmerzen auf Herz und Seele
Auf den Wegen, die ich begehe!
Krampfhafter Lebensgang
Anhaltender Lebenszwang!

Innerlich so am Leiden
Könnte 1000 Bücher darüber schreiben!
Schwarze Sonne, dunkles Licht
Es ist das Nichts, was zu sehen ist!

Angst, Tod, Schmerz im Kopf
Stiche im Hirn, Migräne
Nervliche Schäden, alles zu viel!
Mir platzt bald der Schädel!

Keine Hilfe, es gibt kein Entkommen!
Albtraum des Lebens, seit der Stunde null begonnen!
Keine Chance dem Ganzen zu entgehen –
Eisige Stürme die wehen!

Depression
Neurologische Tauchstation
Gefühle eskalieren
Nerven die explodieren!

Unrealistisch echt!
Hart artgerecht!
Warum ich, warum ich!?
Verdammt, fick dich!

Meine Augen so müde und schwer
Mit vollen Blicken folgen, missfällt mir so sehr!
Schmerz und Verspannung total!
So viel am Ertragen, brutal!

Wieder mal einen Blog an Gott
Weil ich nicht weiß, wohin mit den Gedanken –
Wohin mit all den Gefühlen
Gefangen im Strudel, hinter Gittern, hinter Schranken!

So viel was mich bewegt, was mir durch den Kopf so geht
Keine Aussicht, kein Ende – Schleife, in der ich mich befinde!

Schattenpalast

Der Schattenpalast
Von Menschenhand geschaffen und erbaut
Seelisches Gefängnis
Aus Knochen, Gedanken und Haut

Den Schattenpalast den wir allesamt
Selbst im Innern bewohnen
Gefüttert durch die Angst
Wie das Mahl des Teufels Bohnen

Seelische Beklemmung
Für ein ganzes Leben lang
Führen Kämpfe und Kriege
Denn wir nehmen unser einfach nicht an!

Habgier und Profit
Hoch die Summen
Taler müssen rollen
Kassen müssen brummen!

Mehr, mehr – Immer mehr
Schneller und weiter
Taler für Taler zählen
Angst vor dem Pleitegeier!

Wolkenbild-Verlauf

Wie lange noch verweilen
In diesen öden Zeiten
Ich schreibe diese Zeilen
Gegen all mein innerliches Leiden

Ich verharre und versacke hier
Gefällt mir – doch so gar nicht hier!
Sekunden verstreichen, der Trost bleibt mir!
Irgendwann geht es fort von hier

Augen offen, auf Neuigkeit gestimmt
Neues Leben, das ich will
Verbranntes Land, es nichts mehr bringt!
Selbst im Sturm, liegt alles still!

Ich schaue zum Himmel hoch hinauf
Sehe den Wolkenbild-Verlauf
Sonne scheint so hoffungsvoll
Lächeln bezwingt meines Gesichtes Groll

Hoffnungsschimmer fällt herein
In mein Zimmer und berührt mich sanft
Wohlgefühl und glücklich sein
Mein Blick zum Himmel, vielen Dank!

In schwerer Lage und dunkler Zeit
Sonnenstrahlen bedecken mein Leid
Einsame Gedanken, verkrampftes Herz
Voller Traurigkeit sprudelt der Schmerz

Hurricane

Kraft – kraftloslosleer aufgebraucht
Gefühls-Hurricane, der sich zusammenbraut
Mit vollem Karacho ohne Gnade
Dann übers Land und Seen braust

Tornadostark, volle Attacke geradeaus
Was sich in den Weg stellt, reiße ich raus!
Alles was verwurzelt ist
Auch was fest verankert ist!

Es ist ein Sturm der Chaos bringt
Der erst Ruh' gibt, wenn Stadt und Land versinkt
Wenn kein Stein mehr auf dem anderen sitzt
Und die somit die letzte Mauer bricht!

Eisiger Wind, der an den Klippen weht
Bis der letzte Hang rutscht und nix mehr geht
Mit des Donners Zorn und Sturm Gewalt
Zieht das Unheil übers Feld und durch den Wald

Der letzte Scherz hat ausgelacht
Die letzte Flamme des Feuers ist ausgemacht
Der letzte Funken springt noch über
Auf der Erde geht's drunter über drüber

Morgengrauen

Grau das Bild, der Regen fällt
Tief im Schatten meine Welt
Die Dunkelheit, wirft ihr breites Tuch
Sonnenfinsternis, der Abendfluch

Ohne Licht, ohne Trost – im Morgengrauen
Auf dichte Nebelwände Träume bauen!
Gedanken umhüllt vom schlichten Schwarz
Fallen auf den Marmor, Graphit und Quarz

Schwarze Rosen blühen im Nachtgewächs
Dunkle Magie – die Macht erweckt
Zaubersprüche, beschwörende Flüche
Kerzendocht und Feuerbrand-Gerüche

Auf dem Weg zum Tempel der Finsternis
Wo jedes Licht erloschen ist
Umgeben vom Wald der Dunkelheit
Getragene Kälte so fern und weit!

Tropfen Poesie, Schluck Lyrik

Die meiste Zeit, schreibe ich einfach drauf los!
Kopf immer voll, Liebe zur Sprache riesig groß!
Ob Gedanken oder Gefühle
Literatur oder Gesellschaftskritik
Einen Tropfen Poesie, einen Schluck Lyrik!

Weil das Schreiben mich befreit
Entfalte ich mich grenzenlos weit
Mein Körper am Fleck, Verstand oft gebunden!
Doch freie Gedanken – drehen ihre Runden

Es ist der Tanz der Wörter
Ein großer Buchstabenball
Eingeladen sind Reime, Zitate und Gedichte –
Songtexte, ja – auf jeden Fall!

Wörter und Geschichten
Fällen allesamt den Raum
Die schönsten Gedanken
Aus dem wundervollsten Traum

Ich baue euch Brücken
Öffne euch Türen
Möchte euch alle in den Rasch –
Der Literatur entführen!

Kraftschuss

Ich schreibe dir ohne Pause
Hier all die Blätter voll
Weil ich es anders nicht aushalte
Sonst kriege ich Tollwut! Ganz toll!

Ich muss schreiben
Weil ich gar nicht anders kann
Ich muss es tun
Sonst lieg ich am Hocker nebendran!

Meine Medizin – der Sprachfluss
Meine Therapie – der Kraftschuss
Durchs Schreiben füll ich meine Power!
Schreiben könnte ich am Tag auf Dauer!

Ich will Schreiben zum Beruf!
Aber auf die Schnelle
Ich suche, suche – finde aber keine
Anschlussstelle!

Ich schreibe Bücher voll
Ich erfinde Geschichten
Alles was ich kann, alles was ich will
Reimen und dichten!

Wie wäre mein Leben!?

Fragen die ich mir so –
Manches Mal doch stell
Wie wäre mein Leben geworden
Käme ich aus Frankfurt, Hamburg oder Köln!?

Aufgewachsen im Dorf
Das Kind vom Land
Erst relativ spät blickte ich –
Hinaus über den Tellerrand!

Vielleicht viel aufgeholt
In so wenig Jahren –
Dafür aber meinen Preis bezahlt
Mein Herz das in Flammen stand!

Von Dorf zu Dorf
Nicht so weit in die Welt hinaus
Der Wunsch meiner Familie – doch
Im Dorf hielt ich es nicht aus!

Vom kleinen Dorf in die Stadt
Das Neuentdecken werde ich niemals satt!
Andere Gesichter, neue Leute –
Nette Menschen, von kleinen Kneipen unter Großstadtlichter!

Vermurkste Schulzeit
Hauptschule Dautphetal
Hauptschulklasse –
Ein Desaster – echt katastrophal!

Der letzte Text im Bunde

Der letzte Text im Bunde
Bis zur nächsten Leserunde
Mache das, was ich am besten kann!
Schreibe zu Ende und fange von vorne wieder an!

Schreibe euch allen diese Zeilen
Sie sollen euch begleiten
Bei Tag, bei Nacht, Licht und Dunkelheit
Ein Teil eures Weges – für alle Zeiten

Hier ist Trost, Hoffnung, Freude
Gegen Kummer, Schmerz und Leid
Diese Zeilen sind für euch –
Ich halte sie für euch bereit!

Hier sind so viele Gedanken
Alles Texte, die schon entstanden
Aus Liebe zur Sprache, Wunden heilen
Diese Worte mir zur Ehre, mit euch teilen!

Hier sind Worte für euer Herz
Für die Seele tief in euch
Leute, das war unser Tag!
So einer kommt wieder, wie heut!

Zugabe

Gesellschaftsbild

Lebensleid

1000 Neuanfänge

Blind vertrauen

Ehrliche Wörter

Welt geht unter

Das Lamm und die Herde

Erderwärmung

Weltneuheit

Zeilen im Kopf

In Wörtern finden

Stapel-Haufen

Pausen-Klaus

Erschreckend schön

Herz auf Reise

Aus Liebe

Aus 1000 Teilen

Gesellschaftsbild

Die Erbärmlichkeit
Unserer Menschheit –
Ruft wahre Monster hervor
Schau aufs Weltbild, was steht noch bevor!?

Das Paradies ein –
Meer voll Müll und Abfall
Vergoldete Müllhalte
Irgendwann gibt's den Riesenknall!

Virenseuche
Gespieltes und Geheucheltes
Falsches Mitleid – nur Schein
Es geht um die Kohle, jeder will reich sein!

Katastrophen, Kriege
Attentate, Anschläge
Staatsgewalt – Diktatur
Mensch misshandelt Mutternatur!

Demonstration, Frustration
Streit eskaliert, rauer Ton!
Mord, Anklage, Urteilsschrift
Die Menschheit getränkt im Teufelsgift!

Der Gier und Macht verfallen
Wenn keiner macht, dann Bomben knallen!
Der Mensch – verdorbenes Fleisch!
Rottet sich selbst aus – um jeden Preis!

Lebensleid

Meine Lebenszeit, viel mehr doch –
Mein ganzes Lebensleid!
Was ich wirklich will im Leben
Nix mehr erklären, einfach reden!

Weiß um meinen Zustand
Vertraut schon jahrelang
Hart der Kampf, ich kämpfe
Immer und immer wieder dagegen an!

Ich renne, ich falle
Allein auf der Strecke
Doch bin ich in der Gesellschaft
Hab das Gefühl, dass ich zusammenbreche!

Immer durchhalten, immer und stetig
Zwar um jeden Preis
Denn ausgesondert und ausrangiert
Wird man angesehen, wie der letzte Scheiß!

Bilder von Angst, Leid und Qual
Gesehen, erlebt, eingebrannt in mir
Erdrückt mich, beklemmt mich
Doch wem erzähle ich dies hier!?

Ich will meine Ruhe
Denn allein bin ich gesund
In der Gesellschaft da draußen
Wird mein Herz wund und geht kaputt!

1000 Neuanfänge

1000 Neuanfänge
In voller Lebenslänge
Immer wieder von vorn begonnen
Immer bei null, nix gewonnen!

Viel gegeben, hoch der Einsatz
Nix ausgezahlt, immer nur der 2. Platz!
Alles gegeben, letztes Hemd und letzten Groschen
Am Ende immer auf allen Vieren gekrochen!

Dies hier sind Texte meiner Seele
Ortsaufnahmen meiner Wege
Bei allem Scheiß und negativem Mist
Wort und Schrift, die Liebe die ich pflege!

Ich irre umher, mit dem Kopf –
So voll und dem Herz so schwer
Wenn einfach alles knickt und bricht
Ist es Leere die da Worte spricht!

Seelisch belastet
Wunde und Schmerz längst abgetastet
Vergangenheit ruht längst, doch rumort
Wie die Nadel durch den Eiter bohrt!

Blind vertrauen

Euer gespieltes Hallo
Eure aufgesetzte Freundlichkeit
Schiebt sie euch in den Arsch!
Tief rein, wie ihr nur könnt – so weit!

So lange Zeit im Gehege, im Käfig!
Falsche, intrigante Menschen die dasitzen
Lieber würde ich 12 Stunden alleine –
Im Wald an Bäumen ritzen!

Doch was können die Bäume dafür?
Wahre Freunde doch Natur und Tier!
Der Mensch kotzt mich an –
Aber sowas von, dieser Gestank der Gier!

Falsche Gefühle, da gibt es wahrhaft viele
Denn in Wahrheit, belügen wirklich viele!
Die Wahrheit spricht nicht jeder aus
Sie lügen dir gerade in die Fresse raus!

Hier soll man noch blind vertrauen?
Die hier alle einen blind, in die Pfanne hauen!?
Diese Gesellschaft ist der letzte Dreck!
daher meine Gedanken, ich will wir raus, ich will hier weg!

Ehrliche Wörter

Immer versucht, es allen und jedem –
Zum Wohlgefallen zu erbringen!
All die Mühe und all der Fleiß
Für welchen Nutzen, für welchen Preis!?

Man gibt sein Bestes
Voller Einsatz und Tatendrang
Hinterrücks erfährst du dann –
Wird über dich geredet, seit Anfang an!

Das ganze Geläster
Und all die üblen Nachreden
Miese Gesellschaft!
Meine Meinung, sie lässt sich nicht mehr aushebeln!

Familie, Freunde, Bekannte
Meines Weges Begleiter –
Es sind Menschen die ich gerne habe
Wenn ich falle, laufen sie nicht einfach weiter!

Für den Rest, ehrliche Wörter – fallen immer schwerer!
Denn das Loch im Herzen, es wird größer
So viele falsche, listige Menschen um mich
Glauben ich sei dumm und merke es nicht!?

So viele mit Rotz und Schleim bedeckt
Machen auf reine Weste – Arsch geleckt!
Durchschaue ihr Tun, ihre Vorteile die sie sich erhoffen
Denkt ihr etwa echt – ich sei besoffen!?

Welt geht unter

Alles nix Neues, alles beim Alten!
Die Welt geht wieder einmal unter
Fallen in den Abgrund und schreien –
Alle zusammen munter, es geht runter!

Die Welt geht unter
Doch bleibe mal locker!
Keine Panik!
Fall mir mal nicht vom Hocker!

Weltuntergänge
Schon so viele erlebt
In aller Vorbereitungslänge
Auch dieser vergeht!

Lass uns keine große –
Übertriebene Panik schieben
Die Analyse ist in besten Händen!
Sind doch bloß ein paar Covid-19-Viren!

Die Welt geht wieder einmal unter
Kein Land mehr in Sicht
Sind doch alle in derselben Welle
Also so schlimm wird es nicht!

Das Lamm und die Herde

Mit betäubtem Kopf, schreibe ich jetzt
Augen zucken, Nerven haben Party –
Neurologische Nicht-Lokalisierung
Panikattacken, Herzstich mit von der Partie!

Ich habe eigenes, beweisbares
Selbstbewusstsein
Fehlfunktion, darf nicht sein!
Bin doch das Lamm, das der Herde folgen soll!

Die künstliche Intelligenz
Soll Mensch – (Sklave)
Doch steuern
Programmiert von aller Welt Ungeheuern!

Wir Menschen sind ersetzbar!
Bist entsetzt, wa!?
Automatisierung, Rationalsierung
Gen-manipuliert, zur Re-Produzierung!

2020 – die Menschheit ist weit
Viren-Pandemie-Hysterie
Völlig bekloppt, die Dummheit schreit
Wirtschaft boomt – die Welt macht ZOOM!

Erderwärmung

Eisberge schmelzen
Wälder brennen ab
Ein bisschen Erderwärmung
Der Sauerstoff wird knapp!

Klimaschutz, Artenschutz
Alles völlig überbewertet
Die Welt steht unter Strom
Aber sie ist bestens geerdet!

Das bisschen Plastik im Meer
Belastet unsere Lunge doch nicht schwer
Fastfood, Fingerfood, Junkfood
Alles rein ins Maul, alles was nicht wehtut

Der große Welt-Gipfeltreff-Kongress
Sind die Zahlen schwarz, keinen Grund für Stress!
Wofür gibt's den Weltaufsichtsrat?
Wenn die Aussicht, nicht grad' auf hat am Tag!?

Dämme brechen, was solls meine Güte!
Wenn nix mehr wächst, fällt auch keine Blüte!
Jäger und Sammler, neues Zeitalter – alles digital in einer APP
Doch den Dreck vor der eigenen Tür', kehrt man nicht weg!

Drohnen und Personenkraftwagen
Die ohne Personen, ganz automatisch fahren!
Die Welt, geblendet von Technologie
So leere Menschen, die gab es noch nie!

Weltneuheit

Neuester Trend
Die Menschheit schreit
Ach verdammt!
Weltneuheit!

Neues gesehen
Neues muss ein jeder haben
Zu welchem Zweck, welchem Nutzen
Wird niemand mehr nachfragen!

Hauptsache du siehst!
Hauptsache du hast!
Überflüssiger Scheiß
Aber Geld verprassen, Voll die Kassen!

Weltneuheit
Der neueste Schrei!
Heute gefeiert
Morgen vergessen und vorbei!

Lassen uns treiben
Schießen durch die Schnelllebigkeit
Für alles Augen und Ohren
Nur für uns selbst fehlt die Zeit!

Aber egal, total egal!
Der neueste Schrei!
Welt –
Ach komm, fick dich!

Zeilen im Kopf

Bin ich irgendwann einmal
Ausgeschrieben und wortlos leer?
Denn immer habe ich –
Zeilen im Kopf und da sind noch mehr!

Ein ganzes Leben lang
Mein Leben, lang beschreiben
Meine Wege, meine Gedanken
Träume und Ziele die da sind und bleiben!

Alles Zeilen einer –
Langen Vorbereitungsreise
Zum Platz, Ziel meiner Träume –
Auf das, dass ich Christian heiße!

Ich bin nicht nur ein –
Sprüche-Verteiler
Sprüche-Vertreiber
Nein! Sondern auch ein Sprüche-Schreiber!

Schreibe Zeilen
Sind nicht mit Gold beschwert
Aber für Herz und Seele
Garantiert goldwert!

Ich schreibe tief aus meinem Innern
Vergesse nie, mich an Gutes zu erinnern!
Alles was war, verfliegt mit der Zeit
In Texten halte ich fest, was enteilt!

In Wörtern finden

Ich kann mit Wörtern
Verführen, berühren
Ein ganzes Blatt verzieren
Mein Draht zur Sprache ist wahre Liebe!

Ich lebe und ich brenne
Für das Schreiben, da habe ich Kraft
Mich in Wörtern finden
Mit ihnen verbinden, meine Leidenschaft!

Gib mir ein Thema
Gib mir von deinem Leben
Und ich schreibe dir –
Deine rosigen Zeiten zu Papier!

Worte können Seelen heilen
Können Herzen retten vorm Untergang
Können jede Menge Mut verleihen
Der Anstoß sein, für deinen Neuanfang!

Ich bin auf dieser Welt
Lebe nur dieses eine Leben
Meine Berufung –
Herzblut und alles in die Sprache legen!

Für euch schreibe ich –
Texte und Reime, richtig!?
Doch für mich, man!
Ist es überlebenswichtig!

Stapel-Haufen

Es gibt Leute die müssen tratschen
Andere müssen saufen
Ich schreibe Texte –
Sammele sie in einem Stapel-Haufen

Heute ist Freitagslaune
Alltagsgraue-freie Zone!
Die Welt könnte untergehen
Kümmert mich nicht die Bohne!

Gute Laune und ich singe –
Störst dich dran?
Interessiert mich nicht –
Nicht im Geringsten!

Andere müssen saufen
Ich schreibe einen Stapel-Haufen
Andere müssen ins Dorf latschen
Um über andere Leute zu tratschen!

Ich brauche Zeit
Ich will Zeit
Nimm von der Geschwindigkeit
Bremse die Schnelligkeit!

Pausen-Klaus

Der Pausen-Klaus
Er ist allein Zuhaus'
Die Eltern sind aus
Auch die Katz' ist raus!

Der Pausen-Klaus
Heckt jetzt was aus
Er denkt, allein zu Haus'
Dies nutze ich aus!

Fernseher an, Lichter aus
An Speck und Käs' nagt schon die Maus
Auf der Konsole ballert Klaus
Dem Nachbarn fällt das Gebiss heraus!

Der Pausen-Klaus
Bringt den Namen von der Schul' nachhaus'
Denn ist die Schule nicht mal aus
Flüchtet schon der Lehrer raus!

Abends spät dann aus die Maus
Eltern da – wieder Zuhaus'
Lichter aus, Katz' ist raus
Gute Nacht dem Pausen-Klaus!

Erschreckend schön

Ich weiß wie das Gefühl ist
Wenn die Hoffnung aus allen Ankern bricht
Wenn die Wahrheit dich –
Mit voller Wucht ohne Halt erwischt!

Dies ist das Leben
Nichts ist wirklich vorhersehbar
Nur der Tod ist Gewissheit
Erschrecken schön nur annehmbar!

Wahrheit kennt keine Gnade
Doch sie bleibt ehrlich für immer, für alle Jahre!
Wahrheit lügt nicht zum Wohlwollen
Sie ist wie sie ist, sie ist hartgesotten!

Die Lüge hält der Wahrheit
Niemals für immer stand!
Denn die Last sie ist erdrückend!
Die Wahrheit steht auf Steinwand!

Glaube und Kriege
Leben und Tod
Niederlage und Siege
Alles geschieht aus Intrige-Not!

Es ist Land unter
Wenn die Fackeln erst einmal brennen
Wenn das Paradies fällt
Dann fangt an zu rennen!

Herz auf Reise

Ich könnte schreiben – hauptberuflich
Hand ins Feuer – unwiderruflich!
Denn das Schreiben ist und bleibt mein Leben
Endlose Wortspiele, sie sind mein Segen!

Ich lasse die Sonne strahlen, wenn es schneit
Lass Rosen blühen, wenn das Herz weint
Bringe die Farbe ins triste Grau
Wolkenfrei und der Himmel ist blau!

Meeresfrische im Gossensiff
Herz auf Reise – Kreuzfahrtschiff

Hoffnung säen, wo keine ist
Dass Licht dir scheint, wo du grad bist!
Baue Brücken hoch bis zum Regenbogen
Wo du fällst, da bin ich dein Boden!

Keine Sorge, keine Angst
Folge deiner Stimme, weil du es kannst
Unmöglich ist nur, was du nicht tust
Erfolglos bleibt es, wenn du es nicht versuchst!

Auch an dir hängt es ein Stück
Mach dich bereit, sei offen für dein Glück

Aus Liebe

Keine Schuld
Kein richtig, kein verkehrt
Bei Freunden und Familie
Ist es immer Steine-schwer!

Man will für seine lieben Menschen
Doch nur, dass es ihnen gut geht
Aber wir wissen nicht, wie eisig –
Die Winde sind auf ihrem Weg!

Das Leben ist die Aufgabe
Dein Lehrer ist dein Schicksal
Auf eigenen Schritten liegt die Prüfung
So ist das Leben – mal einfach, mal hart!

Manchmal bekommst du Aufwind
Doch spürst auch, wie rau die Winde sind
Mal erntest du Applaus –
Mal lacht man dich aus

Mal fällst du hin –
Wichtig dann
Stehe immer wieder auf!

Aus 1000 Teilen

Erschöpfung und Müdigkeit
Stecken mir seit Wochen in den Knochen
Der Hebel für den Antrieb –
Begeisterung und Motivation scheint abgebrochen!

Gedanken rattern
Sie rotieren
Ohne Ende, stetig im Leerlauf

Müde ins Bett
Müde zur Arbeit
Unausgeschlafen, so stehe ich auf!

Kopf und Hand
Zum Ausgleich am Papier
Worte fließen
Ich halte sie nicht auf!

Aus ganzen Sätzen
Setzen sich –
Zusammen, aus 1000 Teilen
Mein Traum!

Verbrannt, Aschenflug, auferstanden
Phönix-Kraft, Herz in Flammen
Aufgewacht!

Alle Energie, Widerständen
Widersetzen, Glaube und Wille
In Texte gepackt!

Das war das Buch – AUS LIEBE ZUR SPRACHE
Nicht nur eine Sache
Sondern was ich von Herzen gerne mache
Liebe Leserinnen und liebe Leser

Ich freue mich auf die nächste Reise
Lade sie auf diese wieder ein
Nichts ist für mich schöner
Als mit Ihnen, diese Texte zu teilen!

Bis zur nächsten Reise, eine gute Zeit!

Herzliche Grüße

Christian Hofmann

„Diese Texte retten Leben – davon bin ich überzeugt – alles was wir Menschen brauchen ist, Verständnis und das Gefühl nicht alleine zu sein"!

Herstellung und Verlag:
BoD – Books on Demand, Norderstedt
ISBN: 978-3-7519-6691-7